Die Magie der Küche

Rezepte durch vier Jahreszeiten

Die Magie der Küche

Rezepte durch vier Jahreszeiten

Text

Fred Neuner

Illustrationen

Michaela Haager

EDITION GRÜNE ERDE   IM VERLAG CHRISTIAN BRANDSTÄTTER

Die deutsche Bibliothek - CIP-Einheitsaufnahme
Die Magie der Küche : Rezepte durch vier Jahreszeiten /
Fred Neuner. Mit Ill. von Michaela Haager. -
Wien : Brandstätter, 1998 (Edition Grüne Erde)
ISBN 3-85447-841-0

1. Auflage 1998

Die graphische Gestaltung des Werkes sowie der Entwurf
des Schutzumschlages stammen von Michaela Haager.
Das Lektorat besorgte Bernhard Emerschitz.
Lithos: Krammer-Repro Linz
Druck und Bindung: Druckerei Gutenberg, Linz

Edition Grüne Erde
A-4644 Scharnstein, Hauptstraße 9
Telefon (+43-76 15) 20 34 10
Fax (+43-76 15) 7707

D-84353 Simbach/Inn, Innstraße 51
Telefon (+49-85 71) 91 0 30
Fax (+49-85 71) 63 83

INHALT

Hors d'œuvre:

VON DER MAGIE DER KÜCHE

„Man kann weder gut denken noch gut lieben noch gut schlafen, wenn man nicht gut gegessen hat", notierte die Schriftstellerin Virginia Woolf. Essen ist unsere sinnlichste Verbindung zur Welt, ein Ausdruck der Lebenslust, ein magischer Akt. Sogar das Wesen des Menschen selbst wurde oft mit der Ernährung in Verbindung gebracht. „Der Mensch ist, was er ißt", bemerkte der Philosoph Ludwig Feuerbach, in dessen Denken die Begriffe „Natur" und „Sinnlichkeit" eine so zentrale Rolle spielen.

Kochen stellt das verbindende Glied zwischen Natur und Kultur dar – und in Zeiten der weltweiten Kommunikation oft auch eine Verbindung zwischen verschiedenen Kulturen. Die Bedeutung von Eßritualen, Rezepten und verschiedenen kulinarischen Traditionen, die „Magie der Küche" eben, läßt sich durch alle Zeiten, alle Kontinente und alle Gesellschaften nachweisen.

FAST ESSEN – ECHT ESSEN

Gerade in den letzten Jahrzehnten hat sich auf dem Gebiet der Ernährung einiges geändert. Die Eßgewohnheiten passen sich heute in fataler Weise dem allgemeinen Lebensrhythmus an: Es wird immer schneller gegessen, immer hastiger und stets unter Druck. Ein Symbol dafür, umgelegt auf die Küchengeräte, ist der Druckkochtopf: Hier werden Speisen unter Hochdruck in Rekordzeit fertiggemacht – und das durchaus auch im übertragenen Sinn des Wortes. Freilich gehört der Druckkochtopf auch schon zum alten Eisen, seit die Mikrowelle das vorfabrizierte „Fast Food" aufwärmt. Was dabei herauskommt, drückt schon der Name aus: Fast Essen ...

Unsere modernen Eßgewohnheiten (quick & light) sind lustfeindlich, und sie werden auch so empfunden. Unser Körper ist aber seit abertausend Jahren auf Lust programmiert, und warum sollten wir ihm diese Lust verwehren?

So oder so ähnlich denken heute immer mehr Menschen. Die Gegenbewegung zum schnellen, vorproduzierten Happen hat sich längst gebildet und sogar offiziell organisiert: Der internationale Verein „Slow Food" zählt heute über 50.000 Mitglieder, die – egal ob in Deutschland, in Frankreich oder in Italien – versuchen, traditionelle Gerichte aus traditionell produzierten Lebensmitteln zu bewahren und zu fördern. Regionale Küche aus Zutaten, die möglichst aus „biologischer" Produktion stammen: Das zeugt nicht nur von Respekt für die Umwelt, sondern auch von einer gesunden Portion Eigenliebe. Carlo Petrini, Präsident von „Slow Food", drückte das in einem „Spiegel"-Interview so aus: „In der Geschichte der Menschheit wurde noch nie so wenig Geld für Essen ausgegeben wie heute, weil der Industriefraß so billig ist. Aber wir sind auf der Talsohle angelangt. Tiefer können wir nicht mehr sinken, ohne uns zu vergiften. Wenn wir so weitermachen wie bisher, werden wir alle schwachsinnig. Wahnsinnige Rinder produzieren wir ja schon." Auf die Frage, ob man deshalb wieder etwas mehr Geld für das Essen ausgeben müsse, meinte Petrini: „Ja – um zu überleben! Weniger trinken, aber guten Wein! Statt einer Armani-Unterhose kaufe ich lieber Schinken ohne chemische Zusätze. Feinschmecker sind Widerstandskämpfer."

DER FEINSCHMECKER ALS REBELL

Das sieht man auch am Beispiel der Franzosen, deren Hauptkonflikte mit den Gesetzen der Europäischen Union sich meistens um das Essen drehen: Als man etwa die Produktion von Käse aus unpasteurisierter Milch verbieten wollte, was aus Sorten wie „Camembert" oder „Brie" jene Käseleichen gemacht hätte, die unsere Supermärkte bevölkern, gab es in Frankreich einen regelrechten Volksaufstand.

In den südlichen Ländern Europas ist der Widerstand gegen die Vereinheitlichung des Essens engagierter als im Norden. Denn erstens sind hier die regionalen Küchen viel stärker ausgeprägt; und zweitens will man nicht von einer Küchentradition abrücken, deren Bekömmlichkeit sich auch außerhalb des mediterranen Raums längst herumgesprochen hat.

Auch in diesem Buch spielt die Mittelmeerküche eine Rolle – weil wir selbst sie so mögen.

GEMÜTLICH IN DER KÜCHE SITZEN ...

Auch die Einstellung zum Kochen und zum sozialen Aspekt des Essens ändert sich heute wieder. Gemeinsames Kochen und gemeinsames Essen, sei es mit der Familie oder mit Freunden, werden wieder zelebriert. Kochen ist längst nicht mehr nur Frauensache. Und die Küche ist nicht mehr nur ein abgeschlossener Raum, in dem auf wenigen Quadratmetern Nahrhaftes produziert wird. Die Küche als geselliger Raum kommt wieder zu Ehren. Das merke ich an den Wohnküchen, die in unserem Freundeskreis immer beliebter werden. Und ich merke es daran, daß unsere Gäste auf die Frage, ob sie lieber in der Küche oder im Eßzimmer essen wollen, unisono antworten: „In der Küche, in der Küche!"

Doch nicht nur für gemeinsames Kochen und Essen im allgemeinen nimmt man sich heute gerne wieder Zeit, sondern auch für das Zubereiten traditioneller Gerichte. Wobei auch dieses „Traditionelle" sich keineswegs streng auf die eigene Heimat beschränkt. Wir zelebrieren zum Beispiel gerne verschiedene Länder-Abende: Einmal ist die Toscana dran, dann gibt es Bruschetta und Nudeln und Chianti; einmal wollen wir es französisch, dann stehen ein Kaninchen in Estragonsauce und eine Flasche junger Beaujolais auf dem Tisch; dann wieder steht uns der Sinn nach spartanisch-griechisch: Wir besorgen Schafskäse, Tomaten, gefüllte Weinblätter, Fladenbrot sowie eine Flasche Retsina - und schon ist der „Urlaubsabend" perfekt.

ESSEN IST "KONSERVATIV"

Gemeinsames Kochen und Essen gelten manchmal als „konservativ". Wenn man „konservativ" in der Bedeutung von „erhaltend" versteht, dann stimmt das auch. Die Küche ist an und für sich konservativ: Modeerscheinungen hin oder her - Essensgewohnheiten ändern sich nur sehr langsam. Das liegt auch daran, daß die Erinnerung an gewisse Speisen und ihre Qualität im Körper sozusagen „gespeichert" ist.

Es ist sicher weniger Hysterie als ein natürlicher Reflex, wenn sich viele Konsumenten heute gegen bestrahlte oder genmanipulierte Lebensmittel wehren.

Beim Essen sind oft die fortschrittlichsten Geister sehr bewahrend. Mit dem Hunger beginnen Revolutionen, und beim Essen hören sie auf.

Der Körper läßt sich nicht so leicht betrügen, wenn man auf ihn hört. Ein Beweis dafür ist, wie sehr sich hochwertige Lebensmittel aus biologischer Produktion durchgesetzt haben. Was einst als Spleen oder Sektierertum belächelt wurde, gehört heute zu den Verkaufserfolgen der großen Supermarktketten. Deshalb ist es auch so wichtig, daß man als Konsument auf naturbelassene, qualitativ hochwertige Lebensmittel, die tatsächlich Mittel zum Leben sind, besteht: Nur der Druck der Kunden führt zu einem Umdenken der Produzenten – weshalb jeder beim Einkauf nicht nur für das eigene Wohlergehen Verantwortung trägt, sondern auch für die Produktionsmethoden der Zukunft. Das gilt für die Gemüsezucht ebenso wie für Importe aus Entwicklungsländern oder den Umgang mit Tieren. Und abgesehen davon, daß zum Beispiel die Hennen in den Legebatterien unter Bedingungen leben, die kein Mensch freiwillig mit seinem Geld unterstützen sollte, schmecken die Eier von „glücklichen Hühnern" einfach merklich besser. Was spricht also dagegen, beim Einkauf weniger auf Groschen- und Pfennigbeträge und mehr auf das Wohlergehen von Mensch und Tier zu achten?

QUALITÄT MACHT FREUDE

Ähnliches gilt auch für die Grundausrüstung der Küche. Wer hier spart, der spart am falschen Platz. Ich meine jetzt nicht, daß man Super-Luxus-Küchen braucht, um gut kochen zu können. Die haben auch wir bei weitem nicht. Aber die Illustratorin Michaela Haager und ich haben über die Jahre schöne Dinge gesammelt oder geschenkt bekommen, die das Kochen erleichtern und das Essen verbessern: Wir haben zum Beispiel eine große Auswahl von Gewürzen. Wir verwenden sie am liebsten pur (keine vorgefertigten Mischungen) und nicht vorgemahlen (frisch gemahlen schmeckt alles besser!).

Auch die Einrichtung der Küche spielt eine Rolle. Wir bevorzugen Arbeitsflächen aus Massivholz. Sie sind nicht nur schöner und fühlen sich gut an. Untersuchungen haben auch gezeigt, daß sie aus hygienischen Gründen einer Plastikarbeitsfläche vorzuziehen sind.

Zu unserer Ausrüstung, die uns jeden Tag Freude bereitet, gehören außerdem gute Pfannen, gute Messer, gute Töpfe (aus Kupfer, Edelstahl oder Email), ein schöner Steinmörser, Gewürzmühlen ... Hier, bei den Basisküchengeräten, gibt es große Qualitäts- und natürlich auch Preisunterschiede. Aber: Besser, man hat eine gute Pfanne als zehn schlechte; besser ein Messer, das gut schneidet, als den Messerblock aus dem Sonderangebot mit stumpfer Massenware. (Um die Schärfe von guten Messern zu erhalten, sollte man sie übrigens ausschließlich mit lauwarmem Wasser ohne Spülmittel abwaschen, und weder Papier noch Zitronen damit schneiden!)

Die Investition in gutes Küchengerät erfreut jedenfalls nicht nur uns selbst, sondern auch noch unsere Enkel.

ES GIBT NICHTS GUTES – AUSSER ES SCHMECKT

Wir haben dieses Kochbuch gestaltet, obwohl wir weder ausgebildete Köche noch ausgewiesene Gourmets noch Testesser oder sonst irgendwie „vom Fach" sind. Nichts legitimiert uns dazu, ein Kochbuch zu verfassen – außer, daß wir gerne kochen und gerne essen. Mit den Hervorbringungen der Profiköche können und

13

wollen wir nicht konkurrieren. Aber wir wissen aus eigener Erfahrung, daß man auch mit einfachen Lebensmitteln, einfachen Rezepten und wenig Aufwand wunderbare Gerichte zaubern kann.

Dieses Kochbuch beschreibt außer vielen Rezepten und Geschichten zu Gerichten auch die Zauberkraft der Kräuter, Gewürze und anderer Zutaten, sowie ihre Wirkung auf Körper, Seele und Geist.

Keinesfalls ist es ein „Ernährungsratgeber", denn auf diesem Gebiet kann es unserer Meinung nach nur einen Grundsatz geben: Gut ist, was einem schmeckt. Sonst kann man sich ohnehin kaum auf Ratschläge verlassen. Wer in den Medien über die Jahre verfolgt hat, was alles über Essen und „gesunde" Ernährung verbreitet wurde, der weiß, daß sich die diesbezüglichen Moden schnell ändern: Einmal gilt „Cholesterin" als Killer Nummer eins, dann wieder als Schutzstoff für die Gefäße; Fett soll zwar vermieden werden, und doch ist das Funktionieren des Körpers davon abhängig; galten eine Zeitlang Fleisch und Salat als Schlankmacher, so sind es heute Teigwaren und Kartoffeln; wurde früher allen Menschen mit Gewichtsproblemen zu Diäten geraten, so weiß man heute, daß Diäten das Körpergewicht auf Dauer gesehen sogar steigern. Galt vor zwanzig Jahren die Margarine als Nonplusultra der vernünftigen Ernährung, so wird sie heute als eine mögliche Ursache für Herzinfarkt bezeichnet, wogegen die Butter wieder als gesund angepriesen wird. Auch die künstlichen Süßstoffe, in Form kleiner weißer Pillen die ultimativen Kaloriensparer zu Milchkaffee und Cremetorte, sind in den Verdacht geraten, krank zu machen. Weniger bekannt ist, daß künstliche Süßstoffe wie Saccharin in der Schweine- und Rinderzucht als Mastmittel eingesetzt werden – künstliche Süßstoffe kurbeln den Appetit und vor allem die Sehnsucht nach Zucker an ...

Wir wollen die Sinnhaftigkeit einiger Ernährungslehren gar nicht in Frage stellen. Doch der Kult um „Vitamine" und „Ballaststoffe" beginnt schon langsam appetitverderbend zu wirken.

Allen, die einen Weg aus dem Labyrinth der Gesundheitstips suchen, sei zunächst ihr eigenes Gefühl und dann Udo Pollmers Buch „Prost Mahlzeit! Krank durch gesunde Ernährung" (Köln 1994) empfohlen. Der renommierte Lebensmittelchemiker Pollmer kommt darin nach langjährigen Forschungen zu dem Schluß: „Möglicherweise tun Sie mehr für Ihre Gesundheit und Ihr Wohlbefinden, wenn Sie Ihre Nährwerttabellen, Diätratgeber und Multivitaminpillen in den Müll werfen. Und haben Sie um Himmels willen kein schlechtes Gewissen dabei. Die Angst vor ‚Essenssünden' sollten Sie für alle Zeiten von Ihrem Tisch verbannen. Sie gewinnen damit Zeit für Dinge im Leben, die wichtiger und erfreulicher sind als das Lesen all der nutzlosen Ratschläge. Und Sie ersparen sich Enttäuschungen. Genießen Sie in der gewonnenen Zeit Ihr Leben, gehen Sie – so Sie möchten – für das gesparte Geld anständig essen, gönnen Sie sich ein gepflegtes Schöppchen Wein und lassen Sie es sich gut gehen."

Auch der Wiener Sozialmediziner Prof. Michael Kunze bestätigt, „daß die Gesundheitsschäden, die aus Diätwahn und Verboten resultieren, wahrscheinlich größer sind als die, die durch Essen nach Lust und Laune entstehen."

ALCHIMIE IM KÖRPER

Auch uns scheint der Grundsatz einleuchtend, daß etwas, das man widerwillig ißt, gerade aus diesem Grund nicht sehr zuträglich sein kann. Der eigene Geschmack stellt zweifellos einen besseren Wegweiser dar als die wechselnden Ernährungsmoden.

Der Rohkostwahn zum Beispiel, der eine Zeitlang um sich gegriffen hat, ist langsam wieder im Abklingen (in England haben sich fanatische Gesundheitsapostel vergiftet, weil sie sogar Bohnen roh aßen!). Die Alchimie der Nahrungsaufnahme wirkt sich anders aus, als sich das die Gelehrten oder selbsternannten Propheten vorstellen.

Die „Vitamine" etwa, das Allerheiligste der modernen Ernährungslehre, stellen nur einen ganz kleinen Teil der Inhaltsstoffe eines Lebensmittels dar. Und Vitamin C zum Beispiel geht ab einer Temperatur von 80 Grad Celsius weitgehend verloren. Das heißt aber noch lange nicht, daß wir nun beginnen müssen, alles roh in uns hineinzuessen. In China zum Beispiel kennt man Rohkost wie Salate oder ähnliches fast nicht, und dennoch leben die Chinesen nicht ungesünder als die Menschen anderswo (eher im Gegenteil). Beim Dünsten oder Braten von Gemüse entstehen viele andere Stoffe, die noch gar nicht erforscht sind. Lebensmittelchemiker sind gerade dabei, diese bislang unbekannten „sekundären Pflanzeninhaltsstoffe" zu untersuchen. Die Wirkstoffe, die wir kennen, sind nur ein Bruchteil der Substanzen, die tatsächlich in der Nahrung enthalten sind. Jede

Zelle enthält – nach Auffassung der Wissenschaft – soviele Informationen wie ein 1000seitiger Roman Buchstaben. Warum also nicht jene Romane lesen, die uns Freude bereiten? Unser Körper täuscht uns ohnehin nicht, wenn es darum geht, die Bekömmlichkeit von Gerichten zu verspüren, die mit Liebe gekocht und mit Freude und Aufmerksamkeit gegessen werden. Ich möchte in diesem Zusammenhang Johanna Paungger und Thomas Poppe zitieren, die in ihrem Buch „Aus eigener Kraft" schreiben: „Was vor, während und nach dem Kochen und Essen in Kopf und Herz aller Beteiligten geschieht, beeinflußt die Qualität und den Gesundheitswert der Nahrung und damit unseren Körper und Gesundheitszustand mindestens ebenso stark wie die bloßen Mengen und Inhaltsstoffe unserer Nahrung, wie der Zeitpunkt des Essens – wenn nicht viel stärker. Die Gedanken und Gefühle, mit denen Sie kochen, Ihre Essenszeit begleiten und die Nahrung aufnehmen, bestimmen weitgehend über Nutzen und Nährwert, den die aufgenommene Nahrung für Sie hat."

SINNLICHKEIT UND SINN DER KÜCHE

Ganz in diesem Sinn wollen auch wir mit unserem Buch zur Freude am Kochen und Essen beitragen. Essen ist nicht nur ein Fest für die Sinne, es hat auch einen Sinn. Deshalb ist es uns wichtig, auch einige Hintergründe zu Speisen, Gewürzen oder Küchentraditionen zu präsentieren. Denn vieles, was uns heute ganz selbstverständlich ist, entspricht überlieferten, altbewährten Weisheiten der Gesundheitspflege. „Laß´ Nahrung deine Arznei sein und Arznei deine Nahrung", lehrte schon der Urvater aller Ärzte, Hippokrates.

Die Gewürze und Küchenkräuter, die wir heute alltäglich verwenden, sind in vielen Fällen hochwirksame Heilmittel – davon abgesehen, daß sie zu wunderbaren Geschmackskompositionen beitragen. Es ist uns wichtig zu zeigen, daß nicht nur die chinesische oder die indische Küche, die jetzt oft in grob vereinfachter Form als „Kochen mit den Elementen" oder als „Ayurveda" propagiert werden, die Magie der Zubereitung von Lebensmitteln kennen. Denn auch in der österreichischen, in der italienischen oder in der französischen Küche ist man sich seit Jahrhunderten der Tatsache bewußt, daß Essen mehr ist als nur Ernährung: Nämlich die Aufnahme von „Lebensmitteln", die auf Körper, Seele und Geist wirken. Es hat uns beim Verfassen dieses Buches immer wieder überrascht, daß hinter vielen kulinarischen Überlieferungen ein tieferer Sinn verborgen liegt.

AUS LIEBE ZUM LEBEN

Wenn wir essen, nehmen wir die Welt in uns auf. Das Essen ist neben dem Atmen und der Liebe der einzige Akt, bei welchem wir freiwillig unseren Körper für äußere Einflüsse öffnen. Essen ist neben der Sexualität unsere sinnlichste Verbindung zur Welt: Sehen, Riechen, Fühlen, Schmecken, ja sogar Hören spielen dabei eine wichtige Rolle. Was wir essen, sagt genauso viel über uns aus wie die Menschen, mit denen wir uns umgeben, und das Umfeld, in dem wir wohnen.

Auch beim zwischenmenschlichen Kontakt wird dem gemeinsamen Mahl eine wichtige Stelle eingeräumt. Ob es um ein erstes Rendezvous geht, um einen hohen Staatsbesuch, um einen geschäftlichen Termin, ein diplomatisches Bankett oder eine familiäre Besprechung: Die gemeinsame „Nahrungsaufnahme" zum Zeichen der prinzipiellen Verbundenheit gehört einfach dazu.

Essen ist die Basis des Verstehens. Was nicht heißt, daß man das Essen mit schwerwiegenden Gesprächen belasten sollte. Von meinem italienischen Onkel habe ich gelernt, daß während des Mahls nur „leichte" Gespräche geführt werden sollen. Bei familiären Besprechungen pflegt er erst nach dem Kaffee auf Wünsche, Beschwerden oder Probleme einzugehen: „So, jetzt haben wir gegessen, jetzt können wir die ernsthaften Dinge bereden."

Alles zu seiner Zeit – auch das lehrt uns das Kochen. Nicht wir bestimmen den Lauf der Welt, wir sind von ihm abhängig. Ein einfaches Beispiel: Wir können eine Kartoffel oder einen Braten nicht dazu zwingen, fertig zu sein. Die Kartoffel und der Braten werden dann fertig sein, wenn sie eben fertig sind. Das zeigt uns in recht einfacher Weise, daß wir von der Welt abhängig sind und nicht sie von uns.

Wenn wir essen, dann nehmen wir die Welt in uns auf. Kochen und essen sind ein Zeichen der Liebe zu uns selbst, zu unseren Nächsten und zum Leben.

Frühling

Rezepte durch vier Jahreszeiten

Frühling:
Es grünt so grün

„Vom Eise befreit sind Strom und Bäche durch des Frühlings holden, belebenden Blick ..." Diese Worte aus dem „Osterspaziergang" in Goethes „Faust" kann man auch auf die innere Natur anwenden: Der „Winterschlaf" hat ein Ende, vom Eise befreit sind Körper und Seele ... Schon im kühlen Spätwinter haben die Vögel zu singen begonnen und mit ihren Melodien die Lebensgeister der Bäume und Pflanzen erweckt. Nun beginnt ein unaufhaltsames Wachsen und Gedeihen in den Tiefen des Erdreichs. Die Lebenssäfte steigen in die Pflanzen auf, als wären sie magnetisch von der Sonne angezogen, die jeden Tag ein bißchen höher steht. Alles will nun blühen und sich vermehren, und auch wir Menschen sind oft von einem neuen Tatendrang beseelt:

„O schüttle ab den schweren Traum
und die lange Winterruh;
es wagt's der alte Apfelbaum,
Herz, wag's auch du!"

Theodor Fontane

Doch nicht nur das Gemüt ist ganz auf Tatendrang eingestellt.
Auch der Körper verlangt nun vermehrt nach Bewegung, nach frischer Luft.
Zum Glück, denn es gibt so viel zu sehen auf den ersten Frühlingsspaziergängen!
Die Schneerosen entfalten als erste Vorboten ihre weiße Pracht, dann folgen die Leberblümchen, die Primeln und Märzenbecher. Schon bald bedeckt der erste Bärlauchflaum den Waldboden. Womit wir auch schon beim Essen wären ... Nach dem langen Winter verlangt es uns nun nach grünen, aromatischen Pflanzen, die unseren Organismus wieder in Schwung bringen, die die Schlacken abtransportieren und uns innerlich reinigen. Auch für Städter ist es nicht schwer, einige dieser Pflanzen bei einem Ausflug ins Grüne selbst zu ernten und zu Hause zu verarbeiten.
Es gibt viele, köstliche Rezepte mit frischen Frühlingskräutern.

Frühlings-kräuter

TRIEBE DES LEBENS

Die bekanntesten Frühlingspflanzen, die jeder selbst leicht finden und in der Küche verwenden kann, sind folgende:

BÄRLAUCH

Das ist der wilde Verwandte des Knoblauchs, und man riecht es ihm meist schon aus der Ferne an. Er tritt gerne massenweise auf, liebt feuchte Böden in der Nähe von Bächen und Quellen. Seine Blätter sehen denen des seltenen, giftigen Maiglöckchens ähnlich – deshalb ist beim Bärlauchernten auf den Knoblauchduft zu achten! Außerdem glänzen die Bärlauchblätter auf der Oberseite, jene des Maiglöckchens auf der Unterseite. In der Küche finden vor allem die jungen Bärlauchblätter Verwendung, die nach der Blüte der Pflanze einen schärferen Geschmack bekommen. Bärlauch weist etwa dieselben gesundheitsfördernden Eigenschaften wie Knoblauch auf: Er hilft bei Arterienverkalkung, reguliert die Verdauung und den Blutdruck.

BRENNESSEL

Jeder hat wohl im Laufe seines Lebens schmerzhafte Erfahrungen mit Brennnesseln gemacht. Auf kulinarische Erfahrungen mit Brennnesseln können aber die wenigsten zurückblicken. Dabei sind die jungen Triebe dieser wehrhaften Pflanze eine Delikatesse. Kleingehackt verfeinern sie Salate; ganz junge Triebe können dabei roh verwendet werden, etwas ältere Blätter mit den typischen Nesselhaaren sollten kurz mit heißem Wasser überbrüht werden; man kann die Brennessel auch zu einem Brennesselspinat verarbeiten. Die Brennessel tritt gerne dort auf, wo Bauschutt oder andere Überreste der Zivilisation zu finden sind. Sie gilt als „Pionierpflanze", die die Natur einsetzt, um Reinigungsprozesse einzuleiten. Dementsprechend wird der Brennessel auf körperlicher Ebene nachgesagt, daß sie das Blut reinigt und die Widerstandskraft stärkt. Und wer schon einmal versucht hat, eine Brennesselkolonie loszuwerden, der weiß, wie widerstandsfähig die Pflanze ist ... aber aufessen ist auch eine Möglichkeit!

BRUNNENKRESSE

Eine besonders aromatische und kräftige Pflanze, die wegen ihrer Schärfe (vor allem nach der Blüte!) mit einer gewissen Vorsicht dosiert werden sollte. Brunnenkresse wächst an oder in Wasserläufen und gilt als Anzeiger für eine gute Wasserqualität. Die Brunnenkresse ist leicht an ihrem starken, rettichartigen Geschmack zu erkennen. Vitamin- und mineralstoffreich, wirkt sie einerseits aufbauend, andererseits entwässernd und schleimlösend. Wegen ihrer stark anregenden Wirkung auf Niere und Blase sollte Brunnenkresse maßvoll wie ein Gewürz verwendet werden.

GÄNSEBLÜMCHEN

Jeder kennt sie, die sonnige kleine Blüte mit den weißen Strahlen. Fanatische Hobbygärtner versuchen zwar, sie aus dem „englischen Rasen" zu verdrängen, doch schießen sie sich damit ein Eigentor – denn das Gänseblümchen ist rasenbildend. Die Blüten und Blätter, zum Beispiel in einem Salat genossen, sehen wunderschön aus und sind gesund, wie Elfrune Wendelberger in ihrem Heilpflanzen-Führer schreibt: „Das Gänseblümchen wird in der Volksheilkunde von alters her verwendet. Bei den Germanen war es der Frühlingsgöttin Ostara geweiht und sollte gegen alle Mangelerkrankungen des Winters helfen. Heute wird es vor allem als Blutreinigungsmittel bei Frühjahrskuren empfohlen, weil es den Stoffwechsel der Leber und Galle anregt, leicht abführt, aber auch stärkend, krampflösend und schmerzstillend wirkt."

LÖWENZAHN

Der poetische Name der im Abblühen auch als „Pusteblume" bekannten Pflanze leitet sich von ihren unverkennbar gezähnten Blättern ab. Löwenzahnblätter sind nicht nur als Gewürzkraut, sondern durchaus auch als Basis für Salate zu verwenden. (In Italien werden eigene Löwenzahnsorten sogar als Bittersalat gezüchtet.) Der zart-bittere, frische Geschmack der Löwenzahnblätter harmoniert wunderbar mit einer Salatsauce aus steirischem Kernöl und natürlichem Apfelessig. Auch eine Mischung aus Kartoffel- und Löwenzahnsalat schmeckt unglaublich gut.

Der Bitterstoff Taraxin und andere Wirkstoffe des Löwenzahns besitzen eine mittlerweile auch klinisch nachgewiesene anregende Wirkung auf Galle, Leber und Blase – letzteres zeigt sich auch im französischen Namen des Löwenzahns, „Pissenlit" („Piss´ ins Bett") ...

LUNGENKRAUT

Eine charmante Pflanze, die an hellen, sonnigen Plätzen wächst. Auch ihr lateinischer Name Pulmonaria officinalis zeigt, daß sie ein altbewährtes Hustenmittel ist. Das Lungenkraut verleiht Frühlingssalaten einen neuen, ungewöhnlichen Farbtupfer und eine eigene Geschmacksnuance. Charakteristisch sind die verschiedenfarbigen, violett getönten Blüten, die der Pflanze auch den volkstümlichen Namen „Hänsel und Gretel" eingebracht haben: Eine Blüte ist rötlich, die andere bläulich.

SAUERAMPFER

Wie der Name schon sagt, steuert dieses Kraut einen säuerlichen Geschmack zu allen Frühlingssalaten oder -suppen bei. Der Sauerampfer wächst auf vielen Wiesen; vielleicht wird er in Österreich so wenig geschätzt, weil er so massenweise vorkommt. In Frankreich wird er eigens gezüchtet, da man sein unvergleichliches Aroma in Salaten und Saucen sehr schätzt. Der extrem hohe Vitamin C-Gehalt des Sauerampfers sollte uns nicht dazu verleiten, ihn über Gebühr zu verzehren – denn auch er wirkt in größeren Mengen heftig auf die Entgiftungsorgane.

SCHLÜSSELBLUME

Die kleine Blume mit den kräftigen, süß duftenden Blütenköpfen und dem schönen botanischen Namen „Primula veris" (die erste des Frühlings) blüht ab März auf Wiesen und an Waldrändern. Die Schlüsselblume wird optisch und geschmacklich zur Zierde gemischter Frühlingssalate. In der Volksheilkunde wird der Schlüsselblume außerdem eine reinigende Wirkung auf die Atmungsorgane zugeschrieben. Achtung: Die Schlüsselblume ist in manchen Gebieten in Deutschland und Österreich geschützt!

SPITZWEGERICH

Er und sein dicker Verwandter, der Breitwegerich, sind als Wirkstoff in Hustensirup bekannt. Sein wohltuender Einfluß auf die Atmungsorgane schlägt sich auch in der österreichischen Bezeichnung „Lungenblattl" nieder. „Sowohl die antiken Schriftsteller als auch die gesamten Kräuterbücher des Mittelalters rühmen dem Spitzwegerich blutreinigende, blutstillende, schleim- und krampflösende, fieberstillende, magenstärkende und wundheilende Eigenschaften nach", schreibt Dr. med. Martin Furlenmeier in seinem Standardwerk „Wunderwelt der Heilpflanzen". Es gibt kaum eine Wiese, auf der die Familie Wegerich nicht wächst, weshalb es kein Problem sein dürfte, einige der jungen, zarten Blätter für Suppen und Salate zu sammeln.

WIESENBÄRENKLAU

Bestimmt hat schon jeder einmal den Wiesenbärenklau gesehen. Doch den wenigsten fällt diese Pflanze, die bis zu einem Meter hoch werden kann, auf – es sei denn den Bauern, die das äußerst hartnäckige „Unkraut" nicht minder hartnäckig verfolgen. Der Bärenklau wächst gerne an Bachrändern und in anderen feuchten Bereichen. Die ganz jungen Blätter, die ab März an die Oberfläche drängen, geben ein köstliches Salat- und Saucengewürz ab. Später im Jahr müssen die Blätter kurz abgekocht (blanchiert) werden. Sie harmonieren besonders mit allen Kartoffelgerichten. „Im asiatischen Raum", berichten Friedrich Graupe und Sepp Koller in ihrem Buch „Delikatessen aus Unkräutern", „gilt der Bärenklau auch heute noch als Aphrodisiakum, bei uns ist diese Pflanze – zumindest in dieser Hinsicht – in Vergessenheit geraten, obwohl in der älteren Literatur zu lesen ist, daß sie ‚zu ehelich' Werken reizt'".

Wem an der Zufuhr von Vitamin C etwas liegt, der sollte frische Frühlingskräuter essen. Löwenzahn, Sauerampfer, Bärenklau oder Brennessel enthalten die 100- bis 200fache Dosis Vitamin C wie die gleichen Mengen Kopfsalat!!
Diese ersten Pflanzen des Jahres, die oft mit dem Winter zu kämpfen haben, sind sehr widerstandsfähig und dementsprechend stark – auch in der Wirkung. Wir können aus eigener Erfahrung empfehlen, sie sparsam wie Gewürze zu verwenden. Im Übermaß genossen können sie zu Magenproblemen führen oder durch ihre stark entgiftenden Eigenschaften den Körper überlasten.
Also: In Maßen genießen!

Allen, die ihre Bekanntschaft mit den Frühlingskräutern vertiefen möchten, will ich an dieser Stelle das Buch „Delikatessen aus Unkräutern" von Friedrich Graupe und Sepp Koller empfehlen. Freilich können Bücher, Zeichnungen und Fotos das Leben nie wirklich greifbar machen. Es ist am besten, mit einem Kräuterkundigen oder im Rahmen einer „Kräuterwanderung" die Vielfalt der Frühlingskräuter in natura kennenzulernen. Wer sie einmal selbst gesehen, gepflückt und geschmeckt hat, der vergißt sie nicht mehr!

Z·U·T·A·T·E·N

(für 2-4 Personen)

1 KOPF EISSALAT
3 HANDVOLL GEMISCHTE
FRÜHLINGSKRÄUTER
(z.B. Bärlauch, Brennessel,
Brunnenkresse, Gänseblümchen,
Lungenkraut, Löwenzahn,
Sauerampfer, Schlüsselblume,
Spitzwegerich oder Wiesenbärenklau
in beliebiger Zusammensetzung)

5 ESSLÖFFEL
STEIRISCHES KERNÖL
2 ESSLÖFFEL
NATURTRÜBER APFELESSIG
1 ESSLÖFFEL SENF
1 PRISE SALZ
1/2 TEELÖFFEL ZUCKER

ZUBEREITUNG

In einer großen Schüssel Öl, Essig, Senf, Salz und Zucker gut verrühren. Die Frühlingskräuter waschen. Brennesseln müssen, sobald sie Härchen haben, heiß überbrüht werden! Die Blüten, wie zum Beispiel Gänseblümchen oder Hänsel und Gretel (Lungenkraut) beiseite geben, die restlichen Kräuter mit dem Wiegemesser grob hacken und in die Salatmarinade einrühren. Der Essig nimmt ihnen die Schärfe, das Öl nimmt ihren hervorragenden Geschmack auf. Nun den Salat waschen und gut abtropfen. Unter Beigabe der Blütenköpfe alle Zutaten gut durchmischen.

Dieser Salat paßt als Beilage zu vielen Gerichten. Mit einem Butterbrot, ein paar gerösteten Brot- und Speckwürfeln oder einem harten Ei gibt er aber auch ein leichtes und erfrischendes Mittagsgericht ab.

Frühlingssalat
WIESE MIT ESSIG UND ÖL

Z U B E R E I T U N G

Zwiebel, Karotte und das Stück Sellerie fein schneiden und mit einer Prise Zucker in der Butter anschwitzen. Inzwischen 1,5-2 Liter Wasser mit 2 Suppenwürfeln zum Kochen bringen (oder dieselbe Menge „echter" Suppe). Die gewaschenen Kräuter in die Suppe geben und einmal aufkochen lassen. Nicht zu lange kochen, sonst verlieren die Käuter ihre schöne Farbe! Nun die Zwiebel und die anderen Gemüse mit einigen Schöpfern Suppe ablöschen. Die Suppe und die Zwiebel samt Gemüsen, Sauerrahm und den Kräutern mit dem Stabmixer (oder im Mixer) passieren und in einem großen Topf aufwärmen (nicht kochen). Das Schlagobers steif schlagen und mit einem Schneebesen in die Suppe einrühren. Mit Salz und Pfeffer abschmecken, mit Blüten von Himmelschlüssel, Lungenkraut und Gänseblümchen garnieren und heiß servieren.

Dieses Rezept ist sehr einfach. Bis jetzt hat es noch alle unsere Gäste begeistert, die gar nicht glauben konnten, daß sie im Grunde genommen nichts anderes aßen als die Wiese vor dem Haus.

Z·U·T·A·T·E·N
(für 4-6 Personen)

1 ZWIEBEL
1 KAROTTE
1/4 SELLERIE
4 HANDVOLL GEMISCHTE
FRÜHLINGSKRÄUTER
(z.B. Bärlauch, Brennessel, Brunnenkresse, Gänseblümchen, Lungenkraut, Löwenzahn, Sauerampfer, Schlüsselblume, Spitzwegerich oder Wiesenbärenklau)

2 SUPPENWÜRFEL ODER
1,5 - 2 LITER SUPPE
2 ESSLÖFFEL BUTTER
1/8 LITER SAUERRAHM
1/4 LITER SCHLAGOBERS
(SAHNE)
ZUCKER, SALZ, PFEFFER

Frühlingskräuterschaumsuppe

29

ZUBEREITUNG

Die Kräuter waschen und fein hacken. In einer Keramikschüssel Topfen, Sauerrahm, Öl, Salz und die Kräuter gut vermischen. Auf einem herzhaft frischen Stück Schwarzbrot servieren – die ideale Speise für den kleinen Hunger!

Mit den gleichen Kräutern kann man übrigens eine hervorragende Kräuterbutter herstellen. Dazu muß man die Kräuter hacken und mit ein wenig Salz und einem 1/4 Kilo weicher Butter gut vermischen. Danach die Butter kaltstellen und flockenweise zu gegrilltem Fleisch, Reis, Kartoffeln oder gedünstetem Gemüse servieren. In einem geschlossenen Gefäß im Kühlschrank verwahrt, bleibt diese Kräuterbutter tagelang frisch.

Natürlich kann man auch selbst zahlreiche Gerichte mit Frühlingskräutern erfinden – zum Beispiel auch als Ab-

Z·U·T·A·T·E·N

(für 2-4 Personen)

1 HANDVOLL BÄRLAUCH
2 HANDVOLL VON
6 FRÜHLINGSKRÄUTERN
IN AUSGEWOGENER MISCHUNG:
Brennessel, Brunnenkresse, Löwenzahn,
Sauerampfer, Spitzwegerich und Wiesenbärenklau

250 G. TOPFEN (QUARK)
2 ESSLÖFFEL SAUERRAHM
2 PRISEN SALZ
1 ESSLÖFFEL OLIVENÖL

wandlung anderer Rezepte. Ein Beispiel: Die berühmteste Spezialität in Ligurien, der Küstenregion rund um Genua, ist „Pesto": Eine im Steinmörser gestampfte Paste aus Pinienkernen, Basilikum und Käse (siehe Kapitel „Sommer").

Als wir bei einem Spaziergang an einem warmen, sonnigen Frühlingstag an einem Bach vorbeikamen, erfüllte plötzlich ein starker Knoblauchduft die Luft. Wir dachten zunächst an Pesto, eine unserer Lieblingsspeisen; natürlich hatte aber hier mitten in der Natur niemand gekocht – die Felder mit jungem, zartgrünem Bärlauch am Ufer des Baches strömten den betörenden Geruch aus. Wir ernteten einige Handvoll Bärlauch – und am Heimweg entwickelten wir das Rezept für den Bärlauch-Pesto. Wir kochten es, ohne uns allzuviel zu erwarten – und waren angenehm überrascht.

7-Kräuter-Aufstrich

Linguine mit Bärlauch-Pesto

ZUBEREITUNG

Z·U·T·A·T·E·N
(für 2 Personen)

300 G. LINGUINE
(BZW. TRENETTE)
2 HANDVOLL
FRISCHER BÄRLAUCH
3 ESSLÖFFEL
GERIEBENER PARMESAN
1 HANDVOLL (3 ESSLÖFFEL)
WALNÜSSE
2 KNOBLAUCHZEHEN
2 ESSLÖFFEL OLIVENÖL
3 ESSLÖFFEL
SCHLAGOBERS (SAHNE)
2 PRISEN SALZ

Den Bärlauch waschen, in einem sauberen Geschirrtuch trocknen. Knoblauch, Walnüsse und Bärlauch mit einem Wiegemesser grob zerkleinern. In einem großen Steinmörser die Walnüsse, den Knoblauch, das Salz und den Bärlauch gemeinsam zerstoßen und nach und nach das Öl hinzufügen. Wenn das Ganze zu einer Art Paste geworden ist, den frisch geriebenen Parmesan beigeben. Alles in einen Topf leeren, das Schlagobers hinzufügen und ganz sanft anwärmen.
Inzwischen die Pasta in viel Salzwasser al dente kochen, abseihen und gut mit dem Pesto vermischen. Mit einigen Blättern frischen Bärlauchs verzieren und heiß servieren.

EIN HINWEIS:
Wenn man über keinen Mörser verfügt, dann reicht es auch, die Zutaten mit dem Wiegemesser ganz fein zu schneiden!

Wir fanden, daß die leicht abgeflachten Linguine, die auch Trenette genannt werden, ideal zu diesem Bärlauch-Pesto passen. Ganz normale Spaghetti tun es natürlich auch. Den Bärlauch-Pesto kann man auch in Einmachgläsern konservieren, wobei man den Parmesan wegläßt. Man muß nur darauf achten, daß sich keine Luftblasen in der Masse befinden. Der Pesto wird mit einem Zentimeter Olivenöl luftdicht abgeschlossen und ist solcherart für einige Wochen im Kühlschrank haltbar.

Ganz ähnlich wie der Bärlauch wirkt sich übrigens sein „kultivierter" Verwandter, der Knoblauch, auf den Körper aus.
Bärlauch wächst wild, sozusagen „biologisch". Auch beim Knoblauch sind Bioprodukte auf jeden Fall vorzuziehen. Zahlreiche Untersuchungen haben eindeutig bewiesen, daß Bio-Produkte, auch wenn sie vielleicht nicht immer so hübsch aussehen wie ihre künstlich behandelten Verwandten, ein Vielfaches der lebenswichtigen Stoffe enthalten.

33

Knoblauch

Knoblauch ist auf der ganzen Welt verbreitet und wird auch auf der ganzen Welt geschätzt. Bereits im Alten Testament gilt er als Delikatesse, wie die Beschwerde des Volkes an Moses durchklingen läßt: „Wir erinnern uns der Fische, die wir in Ägypten umsonst aßen, der Gurken, und Melonen, und des Lauches, und der Zwiebeln, und des Knoblauchs." Gegen dieses Festmahl blieb auch der Mannaregen ein vergleichsweise bescheidenes Menu. Tatsächlich kann der Knoblauch gar nicht genug gepriesen werden. Schon von alters her galt er, etwa als Amulett um den Hals getragen, als Mittel gegen bösen Zauber. Uralt ist auch die Tradition, Knoblauch zu Zöpfen zu flechten: Das sieht erstens nett aus, und zweitens verspricht das Flechten, das wie das Knüpfen und das Weben eine magische Handlung darstellt, Glück und Gesundheit für das ganze Haus. Der Knoblauch schützt aber auch als Nahrungsmittel vor bösen Geistern – eine Einschätzung, die von der heutigen Wissenschaft bestä-

tigt wird, wenn man diese bösen Geister als Symbole für Bakterien, Viren und andere Krankheitserreger sieht.

EIN SACK KNOBLAUCH

als Medizin

Ich erinnere mich noch sehr gut an einen längeren Aufenthalt in Afrika. Einer aus unserer Gruppe, Helmut, urwüchsiger Eisenbahner, verschwand jeden Abend in seinem Zelt, wo alsbald ein eigenartiges Geraschel begann. Als wir ihn fragten, was er denn da eigentlich mache, hielt er uns nur einen Sack voll Knoblauchknollen hin. Jeden Abend aß er drei bis vier Zehen. Auf unsere Frage, was er damit bezwecke, meinte er nur: „Habt´s ihr den Helmut schon krank gesehen?" Wir hatten nicht. Und während alle anderen irgendwann den typischen Infektionen nicht entkamen, einer blieb gesund: Helmut …
Knoblauch, lateinisch allium sativum genannt, gehört zur Gruppe der Liliengewächse. Es gibt verschiedene Arten von Knoblauch, wobei der weiße am weitesten verbreitet ist. In Frankreich wird aber auch der violette Knoblauch, der eine leicht lilafarbene Schale aufweist, sehr geschätzt. Dieser violette Knoblauch ist eher mild und vor allem länger haltbar als sein weißer Verwandter.

Beim Kauf des Knoblauchs sollte man sich genau erkundigen, ob der Knoblauch nicht bestrahlt wurde. Leider ist es in manchen Ländern üblich geworden, den Knoblauch mittels Strahlen so zu behandeln, daß er nicht mehr austreiben kann. Daß man ihm damit auch seine lebenden Substanzen raubt, ist einleuchtend.

KNOBLAUCH ERWECKT

Sinne und Sinnlichkeit

Knoblauch regt die Verdauung an. Durch seine stark antibiotischen Wirkstoffe verhindert er Gärungsprozesse und schützt die Darmflora. Er harmonisiert den Flüssigkeitshaushalt des Körpers. Hat jemand zum Beispiel ein Übermaß an Flüssigkeit gespeichert, so entfaltet der Knoblauch seine entwässernde Wirkung.

Bei Knoblauch, insbesonders bei rohem, den man zum Beispiel in Salate schneiden kann, ist jedoch auf die richtige Dosierung zu achten, weil seine besondere Art der Schärfe die Körpersäfte auch in Wallung bringen kann. Wenn ich rohen Knoblauch in den Salat schneide (was ich fast immer mache), dann zunächst direkt in die Salatsauce bzw. in den Essig: Denn allzu Heftiges wird durch den Essiggeist veredelt und gemildert. Bei Kleinkindern

ist Vorsicht angebracht. Jede stillende Mutter weiß, daß der Genuß von Knoblauch die Zusammensetzung der Muttermilch verändern und dem Kind Beschwerden bereiten kann.

Bei vernünftigem Genuß aber stiftet der Knoblauch Ordnung im Körper. Die traditionelle Heilkunst empfiehlt ihn auch bei Husten oder Asthma. Knoblauch gilt außerdem als Aphrodisiakum, das Sinne und Sinnlichkeit erweckt (von Aphrodite, der griechischen Göttin der Liebe: also ein sexuell anregendes Mittel).
Bereits die Kaiser des alten China, so besagt es die Überlieferung, sollen den Knoblauch außerordentlich geschätzt haben. Plinius und Hippokrates verordneten ihn bei einer Vielzahl von Beschwerden, Aristoteles empfahl, den Kriegern Knoblauch zu verabreichen, auf daß sie im Kampf stark und mutig seien. Der Volksglaube wußte um seine Hilfestellung bei schlechter Durchblutung, Schwäche und Impotenz. Der Kräuterexperte Dr. Valnet berichtet gar: „Die Ägypter erhoben ihn in den Rang einer Gottheit. Die Arbeiter, die die Pyramiden errichteten, bekamen pro Tag eine Knoblauchzehe zugeteilt, aufgrund der stärkenden und antiseptischen Eigenschaften, die damals schon bekannt waren."
Valnet berichtet außerdem von dem alten Brauch, einem Kranken ein Leinensäckchen mit Knoblauchzehen umzubinden.

NUR FRISCHEN KNOBLAUCH

Moderne Forschungen haben die besondere schützende Kraft vor allem des
rohen Knoblauchs auf die Blutgefäße
nachgewiesen.
Knoblauch verringert die Arterienverkalkung und senkt den Anteil der Blutfette. Er fördert die Durchblutung des
Herzens und reguliert den Blutdruck.
Kein Wunder, daß Knoblauchkapseln
mit dem spezifischen Wirkstoff
Allicin tonnenweise gegen Gedächtnis-
schwund, Bluthochdruck oder Schädi-
gungen durch Rauchen geschluckt werden. Allerdings kann ich mir schwer
vorstellen, daß die Kapseln dieselbe
Wirkung haben wie eine frische
Knoblauchzehe. Auch die leider verbreiteten Knoblauchpulver oder -pasten
sind für die feine Küche nicht zu gebrauchen: Sie schmecken ganz anders
als frischer Knoblauch und enthalten
die gesundheitsfördernden Substanzen
nicht mehr. Die Kraft, der Zauber der
Pflanzen besteht ja in der geradezu al-
chimistischen Zusammensetzung ihrer
Inhaltsstoffe, die den Chemikern aber
nie vollständig bekannt ist.
Bis jetzt wurden über 200 Substanzen
im Knoblauch entdeckt: 10 Vitamine,
gut 20 Mineralstoffe und Spurenelemente, Enzyme und Coenzyme, sowie
hormonähnliche Stoffe, die mit den
männlichen und weiblichen Sexualhor-
monen verwandt sind.

Noch einen anderen Vorteil hat der
echte Knoblauch im Vergleich zum syn-
thetisierten: Er schmeckt gut. Sorgen
um den Mundgeruch werden zwar oft
von Leuten vorgetragen, die finden,
daß Kaugummis gut riechen. Dennoch
– wer wichtige geschäftliche oder
amouröse Termine haben sollte: Als
natürliches Mittel gegen unerwünsch-
ten Knoblauchgeruch gilt das Kauen
einer Kaffeebohne oder einiger Blätter
Petersil (Petersilie). Die Franzosen
dagegen schwören, so die Ernährungs-
beraterin Jean Carper in ihrem Buch
„Nahrung ist die beste Medizin", auf
ihr ganz eigenes Mittel gegen Knob-
lauchatem: ein Gläschen Rotwein …
Ein noch wirksameres Mittel besteht
darin, daß man den Knoblauch einfach
zu zweit ißt … schließlich gilt er ja
auch als Aphrodisiakum.

SCHUTZ VOR HEXEN

und Vampiren

Knoblauch fördert nicht nur Durchblutung und Liebeslust, er schützt auch
die Blutgefäße. Er stärkt das Immunsystem und die natürlichen Abwehr-
kräfte – und er ist stark keimtötend,
wobei eine Wirkung gegen Viren, Bakterien und gegen Pilze nachgewiesen
wurde! Das bewährte sich bei Wunden
und Verletzungen und erwies sich in

Zeiten, da man zum Beispiel Fleisch noch nicht richtig kühl lagern konnte, als sehr wichtig. In sehr vielen traditionellen Fleischspeisen – über Koteletts und Eintöpfe bis hin zu Braten – kommt deshalb Knoblauch vor. "Sehr eindrucksvoll", schreibt Dr. med. Ulf Böhmig über den Knoblauch, "ist hier die jahrtausendealte Erfahrung von Menschen durch die moderne Wissenschaft erklärt, erläutert, bestätigt." Und außerdem, das sollte man nicht vergessen, schützt Knoblauch vor Hexen und Vampiren. Man weiß ja schließlich nie ...

NOCH DREI HINWEISE:

– Trick zum Knoblauchschälen: Die Ecken der Knoblauchzehe abschneiden. Die Knoblauchzehen fest zwischen den Handflächen rubbeln – die Schale löst sich dadurch fast von selbst ab.
– Knoblauch sollte nicht gepreßt, sondern gehackt oder mit einer speziellen Knoblauchraspel gerieben werden. Beim Pressen bleibt meist die innere, weiche Schale der Knoblauchzehe in der Presse zurück – und gerade diese dünne Schale enthält die meisten Wirksubstanzen!
– Beim Braten muß man darauf achten, daß der Knoblauch nicht zu dunkel wird: Er neigt nämlich dann dazu, bitter zu werden.
In Bratensaucen zum Beispiel füge ich den Knoblauch oft erst einige Minuten vor dem Servieren hinzu. Er verliert durch das kurze Ziehen zwar seine

Schärfe, kann aber seinen Geschmack und seine günstigen Eigenschaften noch voll entwickeln.

Ein köstliches Rezept für den Frühling, wenn die ersten ganz frischen Knoblauchknollen auf den Markt kommen:

KNOBLAUCH PUR

Zubereitung: Den Stiel der Knoblauchknolle abschneiden, die Haut ein wenig auseinanderfalten und das Ganze mit dem Olivenöl beträufeln und salzen. Die ganze Knolle mitsamt der Schale auf das Gitter ins Backrohr legen und bei 200 Grad eine halbe Stunde garen lassen. Man kann die Zehen dann ganz leicht herausschälen und auf einem Stück getoasteten Schwarzbrot genießen.

Z·U·T·A·T·E·N

PRO PERSON
EINE JUNGE
KNOBLAUCHKNOLLE
1 TEELÖFFEL
OLIVENÖL UND
EINE PRISE SALZ

37

Der Meister

DES WALDES

Ab April beginnen wir ungeduldig auf das Erscheinen eines unscheinbaren, etwa zehn Zentimeter hohen, blaßgrünen Pflänzchens zu warten. Es wächst in großen Kolonien, mit Vorliebe in Buchen- und Mischwäldern. Es enthält den Wirkstoff Cumarin, der auch für den feinen und betörenden Duft des Pflänzchens verantwortlich ist. Schon unsere Urahnen haben sich an der kleinen Pflanze „berauscht", ganz gleich, ob sie sie als Trank genossen („Maitrank") oder in der Pfeife rauchten („Tabakskraut"). Sie waren so überzeugt von dem Geschmack und der beflügelnden Wirkung dieses Krauts, daß sie ihm den Namen „Waldmeister" gaben.

Beim Pflücken ist auf die kantigen Stengel zu achten! Das Waldlabkraut, mit dem Waldmeister verwandt, sieht diesem auf den ersten Blick sehr ähnlich, riecht aber unangenehm und ist an seinem ganz runden Stengel leicht zu erkennen.

Waldmeister entwickelt sein spezielles Aroma nach dem Abwelken, weil das Cumarin sich erst durch verschiedene Prozesse während des Trocknens voll entfaltet. Es empfiehlt sich also, den Waldmeister (blühend oder nicht, das ist eine Streitfrage – nach unseren Erfahrungen geht beides) nach dem Ernten mit einem Bindfaden zu einem Sträußchen zu schnüren und verkehrt an einem trockenen Platz für mindestens zwei Stunden aufzuhängen. Danach ist er bereit für seinen Einsatz in einem betörenden Frühlingstrunk:

Waldmeister-Bowle

MIT ERDBEEREN UND SEKT

ZUBEREITUNG

Die Erdbeeren waschen, putzen und
vierteln. Mit dem Zucker in einem
Bowlegefäß vermischen, den Weißwein aufgießen und den Waldmei-
sterbund so in die Flüssigkeit
hängen, daß die Schnittenden
noch herausragen. Nach etwa
einer Stunde (es kann auch
länger sein) den Waldmeister
herausnehmen, gut umrühren,
mit dem eiskalten Sekt
aufgießen – und fertig ist
der Frühjahrstrunk!

Z·U·T·A·T·E·N
(für 8 Personen)

3/4 KG. ERDBEEREN
1 BUND ABGEWELKTER
WALDMEISTER
6 ESSLÖFFEL ZUCKER
1 LITER WEISSWEIN
1 FLASCHE SEKT

Artischocken

BLATT FÜR BLATT EIN HOCHGENUSS

Nicht nur auf die Frühlingskräuter freuen wir uns immer wieder, sondern auch auf zwei besondere Gemüsesorten, die in den ersten wärmeren Monaten des Jahres sehr häufig auf unseren Tellern zu finden sind: Artischocken und Spargel.

Die Artischocke, schon in vorchristlicher Zeit kultiviert, stammt vermutlich aus Nordafrika. Heute wird sie im gesamten Mittelmeerraum angebaut. Es gibt sehr kleine, oft violette und größere, meist grüne Sorten. Die Artischocke galt seit jeher als „Edelgemüse", obwohl sie die Blüte einer üblicherweise wenig geschätzten Pflanze ist, nämlich einer Distelart.

Im Frühling findet man heutzutage die Artischocke auch in nördlichen Breiten auf allen Märkten und in guten Gemüsegeschäften – und das zu durchaus erschwinglichen Preisen.

Viele schrecken aber vor dem Kauf des hübschen Blütenkopfs zurück, weil seine Zubereitung als schwierig gilt. Dabei ist das Kochen und Essen der Artischocke nicht nur denkbar einfach, sondern zudem ein großes und außergewöhnlich gesundes Vergnügen! Artischocken fördern die Verdauung – „Cynar" zum Beispiel, der bekannte italienische Bitterlikör, wird auf Artischockenbasis hergestellt. Die Bitterstoffe der Artischocke, besonders das Cynarin, verleihen ihr nicht nur einen extravaganten Geschmack, sie erweisen sich auch als ein hochwirksames Leberschutzmittel. Sie regen die Tätigkeit von Galle und Leber an, sorgen für die Heilung des Lebergewebes und bringen die Blutfette ins

Gleichgewicht. „Es wird eine meßbare Mehrdurchblutung in der Leber ausgelöst, und die ‚antitoxischen Leberfunktionen' – das Entgiftungsvermögen der Leber – werden beachtlich angeregt", so Dr. med. Ulf Böhmig in seinem Ratgeber „Naturheilpraxis für zu Hause".

Durch ihre unterstützende Wirkung auf das große Entgiftungsorgan des Menschen, die Leber, wird die Artischocke zum idealen Gemüse für die Frühjahrs-Entschlackung.
Seit dies auch wissenschaftlich nachgewiesen wurde, befinden sich einige Artischockenkapseln und -tinkturen auf dem naturmedizinischen Markt. Doch wenn man frische Artischocken bekommen kann, sind diese ganz sicher vorzuziehen – und sei's nur, weil sie gut schmecken.

Gegessen werden sowohl die weichen, fleischigen Teile der Blätter als auch der Artischockenboden. Bei jungen Früchten kann man auch die Stiele essen. Die meisten Kochbücher empfehlen, die Stiele wegzuschneiden – jammerschade darum! Sollten sie sich

nach dem Kochen als holzig oder faserig erweisen, kann man sie immer noch wegschneiden. Meistens sind sie aber ungewöhnlich zart und wohlschmeckend. Selten findet man auf unseren Märkten auch Babyartischocken. Sie werden im ganzen weichgedünstet und müssen fast nicht geputzt werden.

Das Essen der Artischocken ist ein Vergnügen für alle Sinne – auch in der feinsten Umgebung darf man dafür die Hände gebrauchen.
Die Blätter der gekochten Blüten werden einzeln abgenommen, in die Sauce getaucht und ausgesaugt. Wenn man zum Boden gelangt, wird man eine Art weißliches Heu finden, das man entfernen muß, bevor man den nussig schmeckenden Boden, der als die eigentliche Delikatesse gilt, essen kann.

41

Artischocken-Grundrezept

ZUBEREITUNG

Z·U·T·A·T·E·N

Pro Person rechnet man
1-2 Artischocken

1 ESSLÖFFEL OLIVENÖL
ETWAS ZITRONENSAFT
SALZ

Am Stiel etwa 2 Zentimeter wegschneiden, an der Krone etwa zwei
Zentimeter des oberen Blattwerks
abschneiden. Die äußeren, kleinen
und harten Blätter, auch vom Stiel,
entfernen. Den Stiel mit einem
Schaber oder einem Messer schälen
und so wie die anderen Schnittflä-
chen gleich mit Zitronen-
saft einreiben, da
das Fleisch

sonst schwärzlich wird.
Die solcherart behandelten Artischocken werden nun in kochendes
Wasser gelegt, dem man ein paar
Prisen Salz, einen Eßlöffel Olivenöl
sowie zwei Schuß Zitronensaft beigegeben hat, und bei geschlossenem
Deckel weichgekocht. Das dauert
etwa 20 Minuten.
Wenn sich die Blätter leicht lösen
lassen, sind die Artischocken fertig.
Sie werden im ganzen serviert und
wie vorher beschrieben genossen.

*Obwohl auch Mayonnaisen oder die
ebenfalls nicht ganz leichte Sauce
Hollandaise zu Artischocken empfohlen werden, bevorzugen wir leichte,
frühlingshafte Saucen.*

*In Frankreich reicht man
oft eine einfache Sauce
Vinaigrette zu den Arti-
schocken. Hinter dem
wohlklingenden Namen
verbirgt sich nichts anderes als eine Basis-Salat-
sauce, die man je nach Lust
und Laune mit Kräutern (etwa Petersil, Kerbel, Bärlauch oder Schnitt-
lauch) sowie mit Knoblauch, Zwiebel
oder Kapern versehen kann.*

SAUCE VINAIGRETTE

(für 2 Personen)

6 Eßlöffel Olivenöl
2 Eßlöffel Wein- oder Apfelessig
1 Teelöffel Senf (am besten
englischer oder Dijon-Senf)
1 Teelöffel Zucker, 2 Prisen Salz

Die Zutaten werden gemischt und
gut gerührt, bis die Sauce leicht
cremig ist.

*Auch eine andere, selbsterfundene
Sauce harmoniert hervorragend
mit den Artischocken:*

BÄRLAUCHRAHM

(für 2 Personen)

1/4 Liter Sauerrahm wird mit
zwei Prisen Salz versehen und mit
einer Handvoll fein gehackter
Bärlauchblätter gut gemischt. Statt
des Sauerrahms kann man auch
Joghurt verwenden.

Spargel

DIE SPITZE

des Genusses

Die kräftigen, festen, dicken Spargeltriebe sind ein Symbol für Kraft und Vitalität. Und wie gut der Spargel schmeckt! Er wurde bereits in der Antike geschätzt. Vor über 2000 Jahren entstanden auch die ersten Aufzeichnungen über die gesundheitlichen Vorteile des Spargels. Der lateinische Name des Spargels, asparagus, trägt noch immer den Zusatz „officinalis". Das bedeutet, daß er als Heilmittel anerkannt ist: Seine harntreibende Wirkung fördert die Ausscheidung von Giften und ist bei Beschwerden der Nieren und der Blase wirksam. Der ganze Stoffwechsel kommt in Schwung, wobei der Spargel Umweltgifte aus dem Körper schwemmt und gleichzeitig wertvolle Stoffe wie Kalzium, Phosphor, Eisen und Kalium zuführt. Die Aminosäure Asparagin aktiviert Nieren und Leber. Spargel weist kaum Kalorien auf und eignet sich deshalb besonders für Menschen, die im Frühjahr ein wenig abnehmen wollen, ohne dabei auf gutes Essen zu verzichten.

SINNLICH ESSEN ...

Obwohl der Anbau des Spargels sehr aufwendig ist und viel Handarbeit verlangt, hat sich das „kaiserliche" Gemüse in ganz Europa durchgesetzt. Spargel – einst der Liebesgöttin Aphrodite geweiht – gilt seit jeher als eines der wirksamsten Aphrodisiaka, wobei seine liebesfördernde Wirkung wohl vor allem seiner eindeutig zweideutigen Form zuzuschreiben ist, die in den 30er Jahren auch in eine eindeutig zweideutige Songstrophe Eingang gefunden hat:

„Veronika, der Lenz ist da,
die Vöglein singen tralala,
die ganze Welt ist wie verhext,
Veronika, der Spargel wächst."

Der sinnliche Beigeschmack des Spargelessens wird noch dadurch erhöht, daß es zum „guten Ton" gehört, den Spargel mit den Fingern zu nehmen, in die Sauce zu tauchen und mit der Spitze voran lustvoll in den Mund zu schieben. Auch mit der Art des Anrichtens auf dem Teller können sinnenfreudige Köchinnen und Köche mit dem Spargel einiges ausrichten ...

FEST UND KNACKIG

soll er sein

Die Kunst des Spargelkochens beginnt eigentlich beim Spargelkauf. Die Saison fängt üblicherweise im März an, wenn die ersten spanischen, französischen und italienischen Frühsorten auf den Markt kommen. In nördlichen Regionen ist es erst später soweit. Da der Spargel sehr empfindlich ist, hängt seine Reife entscheidend vom Klima ab. Eine fixe Regel gibt es aber: Der allerletzte Spargel wird, zumindest in Österreich, zwischen 21. und 24. Juni gestochen. Nach der Sommersonnwende ist die Saison vorbei. Der Spargel, der sich mit einer ungeheuren Kraft seinen Weg aus den Tiefen des Erdreichs an die ersten Strahlen der Sonne bahnt, ist ein typisches Frühjahrsgemüse.

Es gibt verschiedene Spargelsorten: weiß mit rötlichen Köpfen (vor allem aus Frankreich), ganz weißen Spargel (Belgien, Deutschland, Österreich), violetten Spargel (Italien, Südfrankreich) oder den grünen Spargel (Spanien, Italien, Frankreich), der sich von den anderen Sorten geschmacklich leicht unterscheidet. Grüner Spargel wird nicht, wie sein weißer Verwandter, mit Erde angehäufelt, weshalb er unter Lichteinwirkung das hübsche Blattgrün an den frühlingshaften Tag legt.

In Deutschland ist vor allem der Spargel aus dem oberrheinischen Tiefland rund um Schwetzingen bekannt. Die besten österreichischen Spargelsorten kommen aus dem Marchfeld nordöstlich von Wien. Die begehrteste und auch teuerste Art ist der dicke „Solospargel"; für Suppen und Salate reicht freilich auch die dünnere Erscheinungsform völlig aus.

Frischen Spargel erkennt man am besten an den Schnittenden: Sie sollten noch leicht feucht sein und dieselbe Farbe aufweisen wie der restliche Spargel. Sind sie bereits stark eingetrocknet oder bräunlich verfärbt, dann ist der Spargel nicht mehr frisch. Außerdem sollte er knackig und fest sein. Grüner Spargel ist etwas weicher, darf aber auch nicht lasch werden. Außerdem ist beim grünen Spargel auf die Spitzen zu achten: Auch diese müssen fest und grün sein, sie dürfen nicht abperlen. Es gibt auch einen akustischen Spargel-Frische-Test: Wenn man zwei Stangen aneinander klopft, muß ein frischer, „knackiger" Ton zu hören sein. Ein sicherer Test, der

aber ebenso ganz sicher zu Beziehungskrisen mit dem Gemüsehändler führen wird, ist das Biegen der Stangen: Wenn sie sich nämlich biegen lassen, sind sie nicht mehr richtig frisch. Wenn sie dagegen herzhaft auseinanderbrechen, dann gibt es allen Grund, dem Gemüsehändler zu seiner frischen Ware zu gratulieren. Ob er sich dann noch darüber freuen wird, ist eine andere Frage.
Wenn man den Spargel nicht gleich verwenden kann, dann hebt man ihn am besten auf, indem man ihn ungeschält in ein feuchtes Tuch einschlägt und im Kühlschrank aufbewahrt.

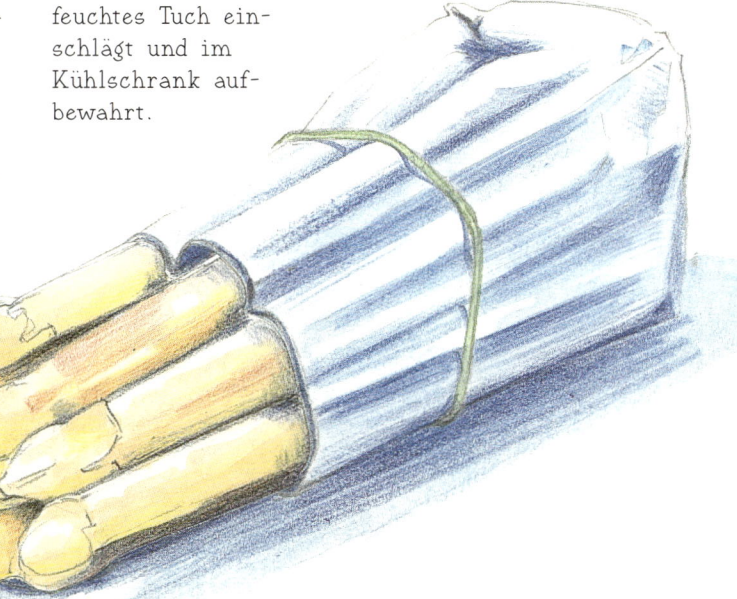

Spargel-Grundrezept

Das Spargelputzen ist nicht schwer. Man verwendet dafür einen eigenen Spargelschäler – ein kleines, scharfes Messer tut es aber auch. Man schneidet zunächst die oft holzigen Enden ab (etwa zwei bis drei Zentimeter) und schält dann die äußeren, fasrigen Teile ab. Man sollte dabei keinesfalls sparen, weil die holzigen oder fasrigen Teile das Eßvergnügen stark mindern. Grüner Spargel muß nur wenig oder gar nicht geschält werden!

Zum Kochen gibt es spezielle Spargelkochtöpfe: Sie sind hoch und beinhalten ein Drahtgestell, in dem der Spargel beim Kochen mit den Spitzen nach oben steht. Dadurch werden die unteren Teile stärker gekocht, die empfindlichen Spitzen dagegen garen im Dampf. Freilich gelingt der Spargel auch in einem ganz normalen Topf.

Der Spargel muß ausreichend mit Wasser bedeckt sein, das nur köcheln oder wallen sollte. Damit er seinen leicht bitteren Geschmack verliert, wird das Kochwasser gesalzen (1 Teelöffel), gezuckert (2 Teelöffel) und mit dem Saft einer halben Zitrone versetzt. Auch ein kleines Stück trockenes Weißbrot absorbiert die Bitterstoffe. Ein nußgroßes Stück Butter im Kochwasser verfeinert den Geschmack noch zusätzlich.

Spargel ist meistens nach etwa 15-25 Minuten fertig, je nachdem, wie dick er ist. Wenn man ihn mit einer Gabel problemlos durchstechen kann, ist er reif für den Teller.

Alle Freunde der Niederlande muß ich enttäuschen: Die Sauce Hollandaise stammt nicht aus Holland. Wann und wo sie erfunden wurde, ist nicht so genau nachzuvollziehen.
„Holländische Soß" taucht als Begriff aber schon in recht alten Kochbüchern auf. Zwei Tatsachen sind bei allen Varianten dieser Sauce gleich: Erstens besteht sie hauptsächlich aus Butter, und zweitens ist sie gar nicht so leicht zu machen. Meine erste Sauce Hol-

Spargel MIT SAUCE HOLLANDAISE

landaise habe ich gemeinsam mit meinem Freund A. fabriziert. Sie glich einer zerfallenen Omelette, die in einem Meer aus Butter schwimmt. Genialisch, wie wir beim Kochen immer so sind, hatten wir das Rezept aus dem unfehlbaren „Sacher-Kochbuch" gerade einmal überflogen und uns dann gierig ans Werk gemacht. So sehr Erfindergeist und Phantasie beim Kochen oft helfen – bei Kuchen, Torten und eben bei montierten Saucen muß man das Handwerk beherrschen, bevor man Traditionen über Bord werfen kann. Mittlerweile haben wir aber auch schon unsere eigene Variante der Sauce Hollandaise entwickelt. Zugegeben: Das Rezept klingt ein wenig kompliziert; in Wahrheit aber ist die Sauce Hollandaise in zehn Minuten fertig. Und sie paßt so gut zum Spargel, daß es sich auf jeden Fall lohnt, einen Versuch zu riskieren.

ZUBEREITUNG

Den Spargel wie vorher beschrieben putzen und in dem gezuckerten, gesalzenen und mit einem Schuß Zitronensaft versetzten Wasser kochen.

Die Butter zerlassen, einmal aufkochen und beiseite stellen (sie soll nicht braun werden). Inzwischen die 2 Eidotter mit einer Prise Salz und einem Teelöffel Zitronensaft sowie zwei Eßlöffeln des Spargelkochwassers und einer Prise Suppenwürfel über Wasserdampf in einem ganz sauberen Gefäß mit dem Schneebesen schaumig rühren. Die Sauce muß dabei cremig und warm werden; sie darf aber nicht aufkochen, weil sonst der „Omelett-Effekt" eintritt!! Ist die Sauce warm und cremig, nimmt man sie vom Dampf und rührt nach und nach die zerschmolzene, lauwarme Butter unter, wobei die sogenannte „Molke", die sich im Buttertopf abgesetzt hat, nicht mit eingerührt werden darf. Die Butter darf nicht zu heiß sein und muß wirklich langsam eingerührt werden, weil die Sauce sonst ausflockt, was ein Jammer wäre, wenn sie doch schon so gut wie fertig ist. Wenn die Butter eingerührt ist und die nunmehr fertige Sauce eine schöne Farbe und cremige Konsistenz hat, dann sollte sie bald auf den Teller über den gut abgetropften Spargel geträufelt werden. Man kann die Sauce auch im lauwarmen Wasserbad für kurze Zeit warm stellen. Wem die Sauce Hol-

Z·U·T·A·T·E·N

(für 1-2 Personen)

1/2 KG. SPARGEL
SALZ, ZUCKER
ZITRONENSAFT
1/8 KG. BUTTER
2 EIDOTTER
EINE PRISE
SUPPENWÜRFEL
EINE PRISE SALZ

49

Spargel mit Sauce Hollandaise

Spargel polnischer Art

landaise noch nicht raffiniert genug ist, der kann auch noch 1/8 Liter steifgeschlagenes Obers (Sahne) unterrühren: Dann entsteht eine Sauce Mousseline, mit der man sich schon langsam dem kulinarischen Olymp nähert.

Zu diesem Gericht braucht man eigentlich keine Beilage. Für Hungrige empfehlen sich entweder Butterkartoffeln mit etwas Kerbel oder ein Stück frisches Weißbrot.

Sollte mit der Sauce trotz aller Bemühungen doch ein Mißgeschick passieren: Mit einem sehr einfachen, vor allem in Österreich äußerst beliebten Rezept, kann man das Spargelessen immer noch retten.

ZUBEREITUNG

Der Spargel wird wie oben angegeben geputzt und gekocht. Nebenbei läßt man in einer Pfanne die Butter zergehen, fügt die Semmelbrösel hinzu und röstet sie ganz leicht an. Der Spargel wird mit den Bröseln serviert und gegessen.

Wem das zu deftig sein sollte: Auch mit ein bißchen Butter oder Olivenöl und ein wenig frisch geriebenem Parmesan kommt der Geschmack des Spargels sehr gut zur Geltung. Auch Spargel mit Butter, Parmesan, Parmaschinken und einem Spiegelei stellt eine feine Komposition dar.

Gegen Ende der Saison nimmt die Qualität des Spargels meist ein wenig ab. Nun kommen auch sehr dünne, weniger ergiebige Sorten auf den Markt. Doch auch hierfür gibt es zwei Verwendungsmöglichkeiten, die ich ganz besonders schätze:

Z·U·T·A·T·E·N
(für 1-2 Personen)

1/2 KG. SPARGEL
SALZ, ZUCKER
ZITRONENSAFT
3 ESSLÖFFEL BUTTER
8 ESSLÖFFEL
SEMMELBRÖSEL
(PANIERMEHL)

Spargelcremesuppe

Diese Suppe ist leicht zu kochen.
Sie sieht elegant aus, schmeckt hervor-
ragend und eignet sich bestens als Er-
öffnungsgang für ein feines Frühlings-
mahl.

ZUBEREITUNG

Z·U·T·A·T·E·N
(für 4 Personen)

1/2 - 3/4 KG. WEISSER
SPARGEL
3 ESSLÖFFEL BUTTER
1 KLEINE WEISSE ZWIEBEL
2 TEELÖFFEL ZUCKER
1 TEELÖFFEL SALZ
1 SCHUSS ZITRONENSAFT
1 PRISE WEISSER PFEFFER
1 PRISE MUSKAT
1/4 LITER SCHLAGOBERS
(SAHNE)

Der Spargel wird wie angegeben geputzt. Danach wird er in etwa 4 cm
lange Stücke geschnitten und in 1,5
Liter Wasser mit etwas Zitronensaft, Salz und Zucker weichgekocht.
(Die Spitzen gebe ich meist erst 10
Minuten später hinzu – sie brauchen
nicht so lange.) Nach dem Weichkochen die Spargelspitzen entfernen.
Sie dienen als Einlage für die Suppe.
Kochwasser nicht wegießen!

Die Zwiebel fein schneiden und in
Butter anrösten. Mit etwas Spargelwasser ablöschen und aufkochen
lassen.
Das Spargelwasser nun mit den restlichen Spargelstücken, der Zwiebel,
dem Obers, dem Muskat und dem
Pfeffer nach und nach im Mixer
passieren. Die Spargelspitzen in die
cremige Suppe geben, noch einmal
aufwallen lassen und eventuell mit
Salz und weißem Pfeffer abschmecken.

Spargel-Salat

Dieser Salat schmeckt uns so gut, daß wir manchmal sogar den noblen dicken Solospargel dazu verarbeiten.

ZUBEREITUNG

Den Spargel wie beschrieben putzen und kochen.
Danach abseihen, kalt abschrecken, in etwa 4 cm lange Stücke schneiden und in einer Schüssel mit dem Olivenöl, einem Eßlöffel Zitronensaft, einer Prise Salz und dem Petersil gut durchmischen. Etwa 10 Minuten lang ziehen lassen. Der Spargelsalat eignet sich hervorragend für kalte Buffets oder als Zuspeise zu weißem Fleisch und Fisch.

Z·U·T·A·T·E·N
(für 2 Personen)

1/2 KG. SPARGEL
1 PRISE SALZ
1 PRISE ZUCKER
1 SCHUSS ZITRONENSAFT
4 ESSLÖFFEL OLIVENÖL
2 TEELÖFFEL GEHACKTER
PETERSIL (PETERSILIE)

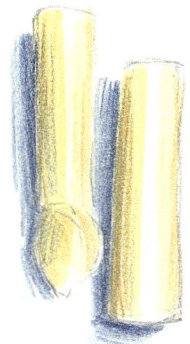

Penne mit
GRÜNEM SPARGEL

Der grüne Spargel und die weiße Teigware harmonieren nicht nur optisch, sondern auch geschmacklich ganz hervorragend.

ZUBEREITUNG

Den grünen Spargel (falls nötig!) putzen und in gesalzenem, gezuckertem und mit Zitronensaft versetztem Wasser etwa 15-20 Minuten lang kochen. Der Spargel soll nicht zu weich sein. Den Spargel abseihen, kalt abschrecken (damit er die schöne, grüne Farbe behält) und in etwa 4-5 cm lange Stücke schneiden. In einer Pfanne 2 Eßlöffel Olivenöl erwärmen, den Spargel hinzufügen, salzen, pfeffern und den Spargel noch etwa 2 Minuten auf kleiner Flamme dünsten lassen.

Inzwischen die Penne in viel Salzwasser al dente kochen, abseihen, gut mit dem Olivenöl und dem Spargel vermischen, den Petersil sowie das restliche Olivenöl hinzufügen und servieren.

Bei Tisch wird über dieses Gericht frischer Parmesan gerieben.

Z·U·T·A·T·E·N
(für 4 Personen)

1/2 KG. PENNE
1 KG. GRÜNER SPARGEL
4-5 ESSLÖFFEL OLIVENÖL
2 ESSLÖFFEL GEHACKTER
PETERSIL (PETERSILIE)
4 ESSLÖFFEL
GERIEBENER PARMESAN
SALZ, PFEFFER

53

Wenn die
Hasen Eier legen ...

Ein Ostermahl nach

Ostern ist, denke ich, das unchristlichste aller christlichen Feste.
Alle Rituale rund um Ostern erinnern mehr an heidnische Bräuche als an biblische Überlieferungen:
Das Eierfärben, -verstecken und -pecken sind unverblümte Fruchtbarkeitsrituale; am Ursprung der Geschichte vom Osterhasen steht ebenfalls dessen lebhafte und lebenserhaltende sexuelle Aktivität; auch Osterfeuer und Osterwasser haben weniger mit Auferstehung als mit alten Naturkulten zu tun; und sogar der Termin von Ostern richtet sich nicht nach dem Kalender, sondern nach Sonne und Mond: Der Ostersonntag ist der erste Sonntag nach dem ersten Vollmond nach Frühlingsbeginn. Nach (manchmal theoretischer) 40tägiger Fastenzeit wird nun die Auferstehung gefeiert, bis man nicht mehr aufstehen kann.

Traditionelle Osterspeisen wie Kitz, Lamm oder Schinken in Brotteig stehen in Zusammenhang mit der christlichen Kultur: Das „Lamm Gottes" wird in Dankbarkeit geopfert, unter der dicken Kruste des Brotteigs ersteht das Fleisch des Schinkens symbolisch auf.

DREIFALTIGKEIT

Schinken, Kren und Reinling

Wir feiern Ostern alle Jahre wieder bei Freunden aus Kärnten. In Kärnten findet das Ostermahl am Abend des Ostersamstags statt.
Das dürfte weniger an der Gier der Kärntner liegen, sondern an der Tatsache, daß die 40 Tage lang verstummten Glocken bei ihrer Heimkehr aus Rom das südliche Bundesland früher erreichen, weshalb man sich also auch schon früher den fleischlichen Genüssen hingeben darf.
Zu den Osterbräuchen gehört

Kärntner Art

es auch, das „Osterlicht" aus der Kirche heimzutragen. Mit diesem besonderen und geheiligten Licht soll nach alter Sitte in allen Öfen des Hauses ein Feuer entfacht werden. Wir haben bis jetzt noch jedes Jahr das Osterlicht aus der Kirche des benachbarten Ortes geholt und in einer schönen, alten Laterne nach Hause getragen – manchmal bei Regen, manchmal bei Schnee, manchmal bei Sternenschein. Das Licht selbst haben wir uns freilich meistens eher unredlich angeeignet – an jener Stelle der Liturgie näm-lich, an der es heißt: „Wir lö-öschen jetzt unser Li-icht" haben wir flucht-artig die Kirche verlassen, weil wir schon wußten, daß das Licht erst nach der Anbetung aller Heiligen wiederent-zündet wird. Und es gibt sehr, sehr viele Heilige.

Zur Kärntner Osterjause gehören drei Dinge: Schinken, Eierkren und Reinling. Was den Schinken betrifft, so ist Bein-schinken auf jeden Fall zu bevorzugen. Preß- oder Toastschinken werden aus verschiedenen Stücken mechanisch ge-preßt, wobei nicht selten Wasser hinzugefügt wird, um das Gewicht zu erhöhen. Man glaubt also, mehr Schinken um weniger Geld zu bekommen, in Wahrheit hat man weniger Schinken und mehr Wasser.

Eierkren

Der Eierkren (Kren = Meerrettich) ist denkbar einfach hergestellt. Als schwierig daran erweist sich nur das Krenreiben, das auf jeden Fall händisch mit einer Reibe erfolgen sollte. Maschinell zerhackt entwickelt er seinen typischen Geruch und Geschmack nur halb so stark. Und da sich die scharfen Senföle, die für das Kren-Aroma verantwortlich sind, schnell verflüchtigen, sollte die geschälte Wurzel immer möglichst frisch gerieben werden.

In Österreich gilt es zwar nicht gerade als Lob, wenn man sagt, man könne jemanden „nur zum Krenreiben brauchen." Aber jener gute Mensch, der sich im Schweiße seines Angesichts unter Tränen dieser Aufgabe widmet, bleibt dafür monatelang von Schnupfen verschont – zumindest empfiehlt es sich, dieses Gerücht zu verbreiten.

Kein Gerücht ist jedenfalls, daß Kren bei Schnupfen und verstopfter Nase tatsächlich hilft: äußerlich durch Inhalieren, innerlich durch den extrem hohen Vitamin C-Gehalt der Krenwurzel.

Z·U·T·A·T·E·N

HARTE OSTEREIER
(1-2 pro Person)
FRISCH GERIEBENER
KREN NACH BELIEBEN
SALZ, ZUCKER
PFEFFER, ESSIG, ÖL

ZUBEREITUNG

Die harten Eier schälen, mit einem Messer zerkleinern, den frisch geriebenen Kren, Essig und Öl sowie eine Prise Zucker beigeben; mit Salz und Pfeffer abschmecken. FERTIG.

58

650 G. WEIZEN-
MEHL GLATT
1/8 LITER SCHLAGOBERS
(SAHNE)
1/8 LITER MILCH
30 G. GERM (HEFE)
100 G. BUTTER
3 EIDOTTER
1 MESSERSPITZE SALZ
1 PÄCKCHEN
VANILLEZUCKER
80 G. ZUCKER

FÜR DIE FÜLLE:
2 TEELÖFFEL ZIMT
150 G. ZUCKER
200 G. IN RUM
GETRÄNKTE ROSINEN
6. BUTTERFLOCKEN

Nicht ganz so einfach, ja geradezu mit ritueller Bedachtsamkeit, ist der Osterreinling zuzubereiten. Es handelt sich dabei eigentlich nur um einen Germkuchen (Hefekuchen) mit Rosinen, Butter und Zimt, der in einem flachen Topf (eben einer „Rein") oder in einer Gugelhupfform gebacken wird. Den Reinling gibt es in Kärnten aber nur zu hohen Feiertagen, Hochzeiten inbegriffen.

Für Germteig gibt es viele verschiedene Rezepte, um nicht zu sagen Philosophien (zum Beispiel Germteig in „direkter Führung" oder in „indirekter Führung" mit einem „Dampfl" zubereitet usw. ...). Wer bereits seine eigene, sichere Methode gefunden hat, der sollte dabei bleiben. Unser Germteig stellt wahrscheinlich die einfachste Variante dar. Wichtig ist dabei vor allem, daß alle Zutaten warm sind – dann kann auch das exzessive „Schlagen" des Teigs, normalerweise eine Angelegenheit für die Spitzensportler in der Küche,

in gemäßigter Form erfolgen. Germteige hängen ziemlich vom Gefühl ab – deshalb sind auch die angegebenen Mengen nicht als strenge Maßstäbe zu nehmen. Vor allem die benötigten Mengen an Flüssigkeit (eine Mischung aus Milch und Schlagobers bzw. Sahne) hängen stark von der Beschaffenheit des Mehls ab. Ist der Teig also zu weich, sollte man bedenkenlos noch etwas Mehl hinzufügen; ist er hingegen zu fest, braucht er noch ein wenig Milch.

ZUBEREITUNG

Die Milch und das Obers mischen und auf etwa 25 Grad erwärmen; in der Hälfte davon die Hefe zerkleinern und darin auflösen; die andere Hälfte mit dem Zucker, dem Vanillezucker, dem Salz und den Eidottern verrühren. Das Mehl durch ein Sieb auf die Arbeitsfläche häufen, in der Mitte einen Krater bilden; nach und nach die beiden Flüssigkeiten zugießen und das Ganze zu einem Teig kneten. Nun auch die weiche (aber nicht flüssige!) Butter einarbeiten und den Teig so lange kneten, bis er „seidig" wird und nicht mehr an Fingern oder Arbeitsplatte klebt. Den Teig zu einer Kugel formen, auf einen Teller legen, mit einem sauberen Geschirrtuch bedecken und an einem warmen (nicht heißen!) Platz eine halbe Stunde aufgehen lassen.

Danach noch einmal gut durchwir-
ken und eine weitere halbe Stunde
aufgehen lassen. Jetzt wird der
Teig mit einem Nudelholz auf
einem bemehlten, sauberen
Geschirrtuch ausgerollt, bis
er etwa 2 cm dick ist.
Zucker, Zimt, Rosinen
und Butterflocken gleich-
mäßig darauf verteilen.
Dann den Teig mit Hilfe
des Geschirrtuchs wie
einen Strudel einrol-
len, in die gebut-
terte und
gemehlte
Backform
geben
und 15
Min.
rasten
lassen.
Danach
wird der
Reinling im
Backrohr bei
180 Grad etwa
eine Stunde lang
gebacken.

Der süße Reinling, der salzige Schinken
und der scharfe Eierkren werden übri-
gens zusammen gegessen! Ich weiß
schon, das klingt fast schockierend,
aber wer es einmal probiert hat, der
wird – frei nach der Fremdenverkehrs-
werbung – im besten Sinne feststellen
können:
„KÄRNTEN IS A WAHNSINN."

Kärntner Osterreinling

Braten von Kitz-Innereien

Michaelas Großmutter bereitet jedes Jahr ein außergewöhnliches Ostergericht zu: Es besteht aus den Innereien von Kitzen (jungen Ziegen). Michaela mag weder Kitz noch Innereien, aber dieses Gericht gehört für sie zum Köstlichsten.
Eine Einschätzung, der man sich erst recht anschließen kann, wenn man Innereien und Kitz mag. Die Zutaten dafür sollte man rechtzeitig beim Fleischhauer bestellen, denn er wird sie nicht alle Tage lagernd haben.

Innereien wie Leber, Nieren, Herz und Lunge wurden früher sehr häufig gegessen. Sie sind nicht nur preiswert, sondern enthalten auch viele wertvolle Stoffe wie Eisen oder Vitamin A. Heute, in der Überflußgesellschaft, gelten Innereien oft als minderwertige „Schlachtabfälle". Traditionelle Gerichte wie „Beuschel" oder „Bruckfleisch" sind weitgehend von den Speisekarten verschwunden. Doch gerade die Spitzengastronomie hat in letzter Zeit begonnen, die alten Delikatessen wiederzuentdecken. Michaelas Großmutter hatte sie nie vergessen ...

ZUBEREITUNG

Die Innereien gut waschen (gestocktes Blut entfernen) und in Wasser weichkochen (etwa 45 Minuten, das Herz muß weich sein). Danach aus dem Wasser nehmen und auskühlen lassen. Nun noch einmal jedes Stück von Adern und Blutresten befreien. Anschließend mit dem Wiegemesser alle Zutaten klein schneiden: Zwiebeln, Knoblauch, Petersil, Dille und die Innereien. Alles in eine Schüssel geben, Eier, Salz und Pfeffer hinzufügen und gut durchmischen. Das Netz gut waschen und die Masse darin einschlagen. Der Braten bekommt nun eine brotlaibartige Form.

So wird er mit der Butter in eine offene Form gelegt und ungefähr 45 Minuten lang bei 180 Grad im Backrohr knusprig gebraten.

Serviert wird das Ganze mit Bratkartoffeln und grünem Salat.

Z·U·T·A·T·E·N
(für 4–6 Personen)

INNEREIEN VON
DREI KITZEN
(Leber, Lunge, Herz)

2 BUND FRÜHLINGS-
ZWIEBELN (MIT GRÜN)
2 BUND PETERSIL
1 BUND DILLE
4 EIER
SCHWEINSNETZ
(1 GROSSES ODER 2 KLEINE)
4 KNOBLAUCHZEHEN
1 TEELÖFFEL SALZ
10 PFEFFERKÖRNER
(FRISCH GEMAHLEN)
3 ESSLÖFFEL BUTTER

63

7 EIDOTTER
5 EIKLAR
150 G. ZUCKER
50 G. KOCHSCHOKOLADE
150 G. MIT DER SCHALE
GERIEBENE HASELNÜSSE
(ODER MANDELN)
1 PRISE SALZ

FÜR DIE CREME:
200 G. BUTTER
200 G. ZUCKER
100 G. SCHOKOLADE
4 EIDOTTER

WEITERS:
HASELNÜSSE
(GERIEBEN UND GANZ)
ZUM BESTREUEN UND
VERZIEREN
BUTTER UND MEHL
FÜR DIE FORM

Als Nachspeise zu diesem festlichen Osteressen möchte ich die Panamatorte vorschlagen. Sie ist zwar keine klassische Ostersüßspeise wie etwa die Pinze oder der Panettone, enthält aber doch soviele Eier, daß sie anstandslos in den Rahmen der österlichen Fruchtbarkeitsrituale paßt.
Meine Großmutter hat die Panamatorte nur zu feierlichen Anlässen, zu Geburtstagen im engsten Familienkreis, zu Weihnachten oder eben zu Ostern gebacken. Selbstverständlich war diese nussig-cremige Materialisation ihres kulinarischen Stolzes jedes Mal um „noch eine ganz kleine Spur besser als das letzte Mal." Auf unser rituelles Lob hin pflegte sich meine Großmutter zurückzulehnen und triumphierend zu sagen: „Und das ohne ein Stäubchen Mehl!!", was wiederum, obwohl hinreichend bekannt, mit lauten „Ahs" und „Ohs" quittiert werden mußte.

Die Panamatorte hielt ich lange für eine Erfindung meiner Großmutter. Mittlerweile habe ich eine Torte gleichen Namens (doch mit einem etwas anderen Rezept) in einem alten Kochbuch gefunden. Auch hier wird freilich nicht erklärt, warum die Panamatorte Panamatorte heißt. In Panama kennt man sie meines Wissens nach nicht. Auch kann sie schon vor der Eröffnung des Panamakanals nachgewiesen werden.
Vielleicht hat die Panamatorte aber in irgendeiner Weise mit Janoschs Geschichte vom kleinen Tiger und

vom kleinen Bären zu tun. Diese beiden Kinderbuch-Abenteurer beschlossen eines Tages, nach Panama zu reisen, das ihnen als Zentrum allen Glücks der Welt erschien.
Und genau diese Utopie ist in dieser Torte Wirklichkeit geworden.

ZUBEREITUNG

Den Zucker mit den Eidottern schaumig rühren; aus dem Eiklar (mit einer Prise Salz) Schnee schlagen; die Eidotter-Zucker-Mischung mit der geriebenen Schokolade, den geriebenen Nüssen und dem Eischnee vermischen. Das Ganze in einer mit Butter ausgestrichenen und mit Mehl bestäubten Tortenform etwa eine Stunde lang bei mittlerer Hitze backen.

CREME:

Die Butter schaumig rühren, den Zucker, die Eidotter und die zerlassene Schokolade hinzufügen.
Nach dem Erkalten wird die Torte in der Hälfte auseinandergeschnitten, innen mit einem Teil der Creme gefüllt, wieder „zusammengebaut" und außen mit der restlichen Creme bestrichen. Schließlich wird die Torte mit geriebenen Nüssen dünn bestreut und mit ganzen Haselnüssen nach Belieben dekoriert.

Panamatorte

ALLES GLÜCK
DER WELT

*Ich möchte dem nur
noch jene Worte hinzu-
fügen, die meine Großmutter auf den
mittlerweile schon sehr vergilbten
Rezeptzettel in ihrer altmodischen
Handschrift zum Abschluß geschrieben
hatte: Gutes Gelingen und guten Appetit!*

65

So ein Holler

Wenn früher Bauern an einem Holunderbaum vorbeikamen, zogen sie den Hut. Der Holunder galt schon in den germanischen Mythen als heiliger Baum, als Vermittler zwischen der diesseitigen und der jenseitigen Welt. In vielen Gegenden Österreichs wird es noch heute als Frevel angesehen, einen Holunderbaum umzuschneiden.

Jeder schätzt sich glücklich, wenn der kleine, extrem zähe, strauchartige Baum sich in der Nähe seines Hauses ansiedelt, denn das bedeutet Glück und Schutz: Frau Holle, die mächtige alte Göttin, sorgt in der Gestalt des „Hollers" für Gesundheit und Gedeihen. Der Holunder blüht gegen Ende des Frühlings, zur Zeit der Sommersonnwende. Kein Wunder, daß er in vielen Sonnwendbräuchen eine wichtige Rolle spielt: Zum Beispiel aß man in Bierteig gebackene Holunderblüten oder opferte unter dem Hausholunder Milch, Brot und Bier. Wer übrigens in der Nacht der Sommersonnwende unter einem Holunderbusch schläft, könnte laut Sage das Glück haben, Elfen, Zwerge und Gnome zu sehen.

Tee aus getrockneten Holunderblüten schmeckt sehr gut und hilft bei Fieber und Erkältungen, weil er stark schweißtreibend und fiebersenkend ist.

Gebackene Holunderblüten

Diese Speise, auch „Holler-küchel" genannt, wurde traditionell in der Nacht der Sommersonnwende zubereitet und gegessen. Meist wurden die Holunderblüten in Schmalz herausgebacken. Dieses Schmalz hob man auf und verwendete es als Wund- und Heilsalbe. Freilich eignen sich alle Backfette mit hohem Qualmpunkt für dieses Rezept.

Die Holunderblüten bei den Stielen nehmen, durch den Teig ziehen, kurz abtropfen lassen und in das siedend heiße Fett legen.
So lange im Fett schwim-mend backen, bis der Teig eine schöne, goldbraune Farbe angenommen hat. Vor dem Servieren gut auf Küchen-papier abtropfen lassen. Auf dem Teller nach Belieben mit Staubzuk-ker sowie ein wenig Zimt bestreuen.

ZUBEREITUNG

Die Holunderblüten am Stiel durch klares Wasser ziehen und auf ei-nem sauberen Geschirrtuch gut ab-tropfen lassen.
Das Mehl, das Bier, das Öl, das Salz sowie die Eidotter zu einem glatten Teig verrühren (nicht länger ver-rühren als notwendig, damit der Teig locker bleibt!). Etwa 10 Minuten rasten lassen.
Inzwischen das Klar der Eier mit einer Prise Salz zu Schnee schlagen, den Schnee unter den Teig rühren.

NOCH EIN HINWEIS:

Auf diese Art lassen sich übrigens auch Früchte wie Apfelspalten bezie-hungsweise Blätter und Blüten wie Salbeiblätter oder Zucchiniblüten zube-reiten.

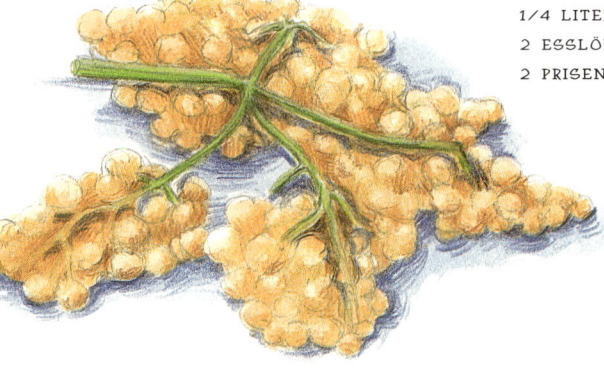

Z·U·T·A·T·E·N
(für 6 Personen)

12 MITTELGROSSE
DOLDEN HOLUNDERBLÜTEN
1/2 LITER ÖL ODER SCHMALZ
STAUBZUCKER UND ZIMT
ZUM BESTREUEN

TEIG:
280 G. MEHL
4 EIER (GETRENNT)
1/4 LITER BIER
2 ESSLÖFFEL ÖL
2 PRISEN SALZ

versetzt. Man kann den Holunderblü-
tensirup aber auch zum Süßen verwenden. Besonders mit frischen
Erdbeeren harmoniert das feinherbe
Holler-Aroma gut.

ZUBEREITUNG

Die Holunderblüten durch kaltes Wasser ziehen, abtropfen lassen. In einem
Gefäß aus Glas oder Email das Wasser, den Zitronensaft und die Holunderblüten ansetzen und 48 Stunden
lang an einem kühlen, dunklen Ort
ziehen lassen. Danach das Holunder-
Wasser durch ein feines Sieb in
einen Topf seihen und mit dem
Zucker und der Zitronensäure
aufkochen lassen. Etwas abkühlen lassen und dann in saubere, heiß ausgewaschene Flaschen
füllen. Kühl und lichtgeschützt
gelagert, hält dieser Holundersirup
monatelang. Er wird, etwa im Verhältnis 1:6, mit kühlem Wasser und
eventuell einem Schuß Zitronensaft
gemischt getrunken.

Eines der feinsten Getränke
ist für uns der Holun-
dersaft. Wir bereiten
jedes Jahr viele Liter
Sirup zu, um das
ganze Jahr über
unsere Gäste und
auch uns selbst
erfreuen zu können.
Es gibt viele ver-
schiedenen Arten der
Zubereitung des Holunderblütensirups.
Und auch die Anwendungsmöglichkei-
ten sind vielfältig: Man kann ihn mit
Wasser verdünnt trinken oder mit So-
dawasser aufspritzen, wodurch er dann
so ähnlich schmeckt wie eine ebenfalls
auf Holunderblütenbasis „gebraute"
Kräuterlimonade, die sich in Österreich
größter Beliebtheit erfreut und deren
extravaganter Geschmack die Gäste
aus dem Ausland oft in Verzückung

NOCH EIN HINWEIS:

Ein Aperitif, der Gäste bezaubert, ist
„Holler-Kir": 1 Teelöffel Holundersirup
wird im Glas mit Sekt aufgegossen.
Mit diesem Getränk läßt sich wunderbar auf den beginnenden Sommer
anstoßen!

Holunder-sirup

DIE ESSENZ DER BLÜTEN

Z·U·T·A·T·E·N

(für ca. 3 Liter Sirup)

3 LITER WASSER
15 GROSSE DOLDEN
HOLUNDERBLÜTEN
SAFT VON 3 ZITRONEN
2 KG. ZUCKER
60 G. ZITRONENSÄURE

Sommer

Rezepte durch vier Jahreszeiten

Sommer:
Ein Fest für alle Sinne

Die Sonne, die unseren Körper durch und durch erwärmt, zum Glühen bringt; eine kühle Brise an einem schattigen Plätzchen; ein türkisfarbener Gebirgssee; das Meer und das Rauschen seiner Wellen; schaukelnde Boote; der Duft nach wilden Kräutern; Berggipfel im Abendrot; Sandburgen, Sonnenschirme und T-Shirts; barfuß über den Rasen gehen; der Geruch von Heu und das Bimmeln der Kuhglocken; drückende Hitze in der Stadt, flimmernder Asphalt; ein Gewitter, ein Regenguß und der Geruch nach feuchter Erde; mittags im Schatten unter dem Baum essen; abends im Kastaniengastgarten sitzen; ein Schluck Bier gegen den ersten Durst; eine kühle Flasche Weißwein gegen den zweiten; und viele, feine Sommergerichte ...

Der Sommer ist ein Fest für alle Sinne; es ist die Jahreszeit, die unseren Tisch am reichhaltigsten deckt: Die meisten Früchte und Gemüse werden jetzt reif, die Fischfangsaison ist eröffnet, die Marktstände sind üppig gefüllt. Frisch, leicht und bekömmlich sollen unsere Speisen jetzt sein.

Bunte Salate

Wir essen im Sommer fast täglich Salat. Langweilig wird das nie. Leider bedeutet "Salat" in Deutschland und Österreich oft eine lieblose Anhäufung lascher, grüner Blätter, die in einer fatalen Mischung aus Zucker, Wasser und Essigsäure schwimmen.

Bei einer "Salatplatte" oder gar einem "Chefsalat" kommen dann oft noch gekaufte Joghurtsaucen, Karotten aus der Dose, getrockneter Oregano oder andere kulinarische Katastrophen dazu. Doch das muß nicht so sein. Das Angebot an Frischsalaten hat sich in den letzten Jahren deutlich verbessert: Lollo Rosso, Eichblatt, Endivien, Frisée oder Rucola sind nur einige der Sorten, die

sich langsam auch bei uns durchzusetzen beginnen. Die Vielfalt setzt der Phantasie keinerlei Grenzen. Auch die Auswahl an Essig und Öl trägt dazu bei, daß der Sommersalat täglich anders schmecken kann: Balsamessig, Apfelessig, Weinessig, Sherryessig, Olivenöl, Kürbiskernöl, Mohnöl, Rapsöl, Nußöl, Sonnenblumenöl in verschiedenen Variationen verleihen dem leichten, kühlenden Salat jeden Tag eine andere Note. Manchmal bereichern wir unseren Salat auch mit Thunfisch, Sardellen und hartem Ei, mit gebratenen Lachs- oder Hühnerbruststreifen oder mit Schafkäse. Neben Salaten gehört auch Fisch zu jenen Speisen, die sich oft auf unserem sommerlichen Speiseplan finden.

Frischer Fisch
ALPHA UND OMEGA

Wir alle wissen, daß Fisch gesund ist – und dennoch essen wir ihn, zumindest statistisch gesehen, viel zu selten (von den panierten Tiefkühlwaren will ich in diesem Zusammenhang gar nicht reden). Dabei schmeckt Fisch hervorragend, ist meist nicht teurer als Fleisch und noch dazu schnell zubereitet. Er enthält – neben wertvollem Eiweiß – zahlreiche unentbehrliche Substanzen, denen die Forscher auf die Spur zu kommen beginnen.

Schon lange war der geringe Prozent-

satz von Herz- und Krebserkrankungen bei traditionellen Fischessern wie Eskimos oder Japanern aufgefallen. Des Rätsels Lösung fanden die Wissenschafter in der „Omega-3-Fettsäure", verschiedenen mehrfach ungesättigten Ölen, die den Cholesterinspiegel harmonisieren, das Blut gegen Verklumpung schützen, den Blutdruck senken und ganz allgemein das körperliche und geistige Energieniveau heben. Schon länger bekannt ist der hohe Vitamin- und Mineralstoffgehalt von Fischen. Vitamin B macht Fisch zur

idealen Hirn- und Nervennahrung.
In Nahrungsmitteln selten vorkommende
Mineralstoffe wie Jod, Phosphor, Kupfer,
Zink und Fluor sind ebenso im Fisch-
fleisch enthalten wie Kalium oder
Magnesium.
Der Fisch hat aber auch mythologi-
sche und religiöse Bedeutung:
Die Kulte vieler Völker drehen sich
um das Wassertier, das im Grunde
genommen unser ältester Verwandter
ist – denn alles Leben stammt aus
dem Meer. Auch das Erkennungszei-
chen der ersten Christen war der Fisch

– astrologisch gesehen eine Anspielung
auf das Fische-Zeitalter, religiös gesehen Ausdruck der Verehrung für den
„Menschenfischer" Jesus.

NOCH EIN HINWEIS:
Fisch muß gut gekühlt und frisch sein.
Beim Kauf sollte man beachten, daß
der Fisch nicht „fischelt" (das tut frischer Fisch nämlich nicht!).
Die Augen des Fisches sollten klar und
glänzend sein, die Kiemen rot bis rosa
(keinesfalls bräunlich!), die Haut sollte
feucht glänzen.

Hausgebeizter Lachs

Geräucherter Lachs und auch der mit Dille gebeizte Gravad Lachs sind in letzter Zeit sehr populär geworden. Die Nachfrage stieg, die Produktionszahlen auch, die Preise fielen – und manchmal leider auch die Qualität. Die im Hauruck-Verfahren gebeizten oder instantgeräucherten Zuchtlachse können natürlich mit dem liebevoll bereiteten und entsprechend teuren Wildlachs nicht mithalten.

Irgendwann verging mir also die Lust auf die vorgeschnittenen, vakuumverpackten, trockenen und verdächtig rosagefärbten Lachsscheiben aus dem Supermarkt. Ich mochte Lachs nicht mehr.

Bis eines Tages ein Freund von einer Skandinavienreise heimkehrte und ein Rezept mitbrachte: Das für den selbstgebeizten Lachs. Ich war zunächst erstaunt, daß man Fisch überhaupt selbst beizen kann – bisher hatte ich diese Prozeduren eher dem Bereich geheimnisvoller Hexenküchen, in die man besser nicht so genau hineinsieht, zugeordnet. Und jetzt konnte ich erstmals erfahren, daß selbstgebeizter Lachs mit frischer Dille nicht nur erstaunlich einfach zuzubereiten ist, sondern auch noch unvergleichlich gut schmeckt. Man braucht dazu nichts als Lachs-filets, die man sich am besten vom Fischhändler schneiden läßt, sowie ein paar Gewürze.

ZUTATEN

(für 4 Personen):

4 LACHSFILETS
(JEWEILS 20–25 DAG)
1 BUND FRISCHE DILLE
2 ESSLÖFFEL MEERSALZ
3 GEHÄUFTE ESSLÖFFEL
ZUCKER
12 PFEFFERKÖRNER
SAFT EINER HALBEN
ZITRONE
2 ESSLÖFFEL
OLIVENÖL

ZUBEREITUNG

Die Dille waschen und fein schneiden. Den Pfeffer grob im Mörser zerstoßen. Salz und Zucker gut vermischen. Das erste Fischfilet mit Zitronensaft beträufeln, mit der Haut nach unten auf ein großes Stück Alufolie legen. Großzügig mit der Salz-Zucker-Mischung und mit der Dille bestreuen, vorsichtig pfeffern. Mit den anderen Fischfilets verfährt man genauso. Zum guten Durchbeizen werden die Filets nun – jeweils zwei und zwei – so aneinandergelegt, daß die gewürzte Seite nach innen, die Haut nach außen weist. (Falls die Filets enthäutet sind, legt man sie so übereinander, daß man abwechselnd eine Fisch- und eine Gewürzschicht erhält). Nun die Filets in der Folie einschlagen, den Fisch in ein Gefäß geben (Saft könnte ausrinnen!) und mit einem Gegenstand beschweren (zum Beispiel mit einem

Teller, auf den man den Steinmörser oder Gewichte der Küchenwaage stellt). Den solcherart behandelten Fisch 24-48 Stunden lang in den Kühlschrank stellen. Wichtig ist, daß sich die Salz-Zucker-Mischung aufgelöst hat und der Fisch Wasser läßt – dann ist er gut durchgebeizt. Etwa zwei Stunden vor dem Servieren sollte man den Fisch aus dem Kühlschrank holen (er darf nicht zu kalt sein) und mit einem biegsamen, dünnen Messer in feine Scheiben schneiden.

NOCH EIN HINWEIS:

Auch heimische Fische eignen sich für das Beizen. Hervorragend schmecken gebeizte Forellen- oder Saiblingfilets. Die Beizzeit ist nur etwa halb so lang, weil die Filets kleiner sind. Statt der klassischen Lachsbeize kann man auch mit einer Mischung aus Salz, Zucker, Zitrone, Pfeffer, Koriander, Kerbel und Wacholder experimentieren!

Zu allen gebeizten Fischen, vor allem zum Lachs, paßt die klassische süß-scharfe Senfsauce.

KALTE SENFSAUCE

Zubereitung: Zucker, Salz, Senf und Essig gut vermischen; nach und nach das Öl hinzufügen und gut rühren, bis die Sauce cremig ist. Eventuell kann man dieser Sauce auch noch etwas gehackte Dille beigeben.

Die ideale Zuspeise zum gebeizten Fisch sind Kartoffeln in der Folie.

Z·U·T·A·T·E·N
(für 4 Personen):

2 ESSLÖFFEL SENF
(AM BESTEN DIJON-SENF)
2 TEELÖFFEL ZUCKER
1 PRISE SALZ
1 ESSLÖFFEL WEISSWEIN-
ODER SHERRYESSIG
4 ESSLÖFFEL OLIVENÖL

Kartoffeln in der Folie

ZUBEREITUNG

· Die Kartoffeln gut waschen und in die Folie einwickeln. Die Alufolie hat zwei Seiten: Eine glänzende, die die Hitze abhält, und eine matte, die die Hitze durchläßt. Will man Kartoffeln in der Folie zubereiten, dann muß die matte Seite außen sein, damit die Hitze gut einwirken kann. Die eingewickelten Kartoffeln ins Backrohr auf den Rost legen und bei 250 Grad etwa 1 Stunde garen lassen (bei kleineren Kartoffeln kann es auch schneller gehen).

Die Kartoffeln werden in einem Körbchen auf den Tisch gestellt, auf dem Teller ausgepackt, der Länge nach aufgeschnitten, gesalzen und mit einer Flocke Butter oder einem Löffel Rahm genossen.

Z·U·T·A·T·E·N

KARTOFFELN
(1-3 pro Person)
SALZ
RAHM ODER BUTTER

„BIO" SCHMECKT MAN

Wichtiger als die Lösung der Streitfrage, ob sich speckige oder mehlige
Kartoffeln für dieses Gericht besser
eignen, ist die Auswahl der Erdäpfeln
– da gibt es große Qualitätsunterschie-
de. Nicht alles,

was „Bio" ist, muß deshalb automa-
tisch besser sein. Aber frische Erdäpfel, „Heurige", wie man in Österreich
sagt, aus biologischem Anbau schmek-
ken meiner Erfahrung nach deutlich
besser. Auch die Schale kann man bei
diesen frischen Frühkartoffeln mitessen.
Man muß sie vorher nur gründlich
abschrubben.

Gebeizter Lachs mit Senfsauce und
Kartoffeln in der Folie ist ein
Gericht, das leicht fix und fertig
vorzubereiten ist; man hat dann
keine Arbeit mehr, wenn die
Gäste kommen.

Fischfilet

IN KAPERN-SALBEI-BUTTER

Für dieses einfache und schnelle Rezept eignen sich fast alle Fisch-filets mit hellem Fleisch: Saibling, Forelle, Reinanke (Felchen), Zander (oder Schill). Besonders emp-fehlen möchte ich den Barsch (Egli), den ich für einen der besten Süß-wasserfische halte. Aber auch viele der handelsüblichen Meeresfische sind für dieses Rezept geeignet: Scholle, Dorsch, Rotzunge, Rot-barsch, Seehecht oder Seewolf.

ZUBEREITUNG

Z·U·T·A·T·E·N

(für 2 Personen)

2-4 FISCHFILETS (ETWA
25-30 DAG. PRO PERSON)
SAFT EINER ZITRONE
4 PRISEN SALZ
2 ESSLÖFFEL KAPERN
EIN BUND FRISCHER
SALBEIBLÄTTER
3-4 FLOCKEN BUTTER

Die Butter in einer Bratpfanne heiß werden lassen. Die mit Zitrone beträufelten Fischfilets auf einer Seite bei geschlossenem Deckel 3-10 Minuten anbraten lassen (je nach Dicke), dann vorsichtig wenden und auch auf der anderen Seite (ebenfalls bei geschlossenem Deckel) 3-10 Minu-ten anbraten lassen. Salzen, den grob gehackten Salbei und die eben-falls gehackten Kapern hinzufügen und einige Minuten in der Butter mitbraten lassen. Den Fisch noch einmal mit etwas Zitronensaft be-träufeln und, falls er noch nicht fertig sein sollte, bei geschlossenem Deckel und mäßiger Hitze fertig ga-ren lassen.

Für die Garzeit kann es leider keine genaue Zeitangabe geben. Wenn der Fisch gerade nicht mehr roh ist, ist er fertig. Keinesfalls sollte er so lange in der Pfanne bleiben, daß er zerfällt. (Manche Fische, wie etwa der Kabeljau, zerfallen allerdings ziemlich leicht. In diesem Fall emp-fiehlt es sich, die Filets vor dem Braten in Mehl zu wenden.)

Dieses einfache Rezept, das den feinen Geschmack der verschiedenen Fische wunderbar zur Geltung bringt, gelingt übrigens auch mit tiefgekühlten Filets, die direkt in die heiße Pfanne kommen.

Gibt es in der Nähe einen guten Fisch-händler, ist frische Ware aber auf je-den Fall vorzuziehen.

„Heiliges Kraut"

Frischer Salbei sollte auf jedem sommerlichen Markt zu finden sein. Salbei ist eine mehrjährige Pflanze, die im Garten auch die strengen nördlichen Winter überlebt und kaum Pflege braucht. Auch in Töpfen auf sonnigen Balkonen wächst der feinherbe Salbei sehr gut. Er paßt nicht nur sehr gut zu hellem Fisch, sondern auch zu hellem Fleisch.

Der Name Salbei leitet sich vom lateinischen „salvare" ab, was „retten" und „heilen" bedeutet. Das sagt eigentlich schon alles über diese wunderbare Pflanze aus. Die Römer nannten sie auch „herba sacra". Als Basis für Rauchopfer nahm der Salbei lange Zeit jene Stelle ein, die heute der Weihrauch innehat. In der Volksmedizin gilt er als allgemein stärkend und anregend, fördernd sowohl für das Nervensystem als auch für den Magen.

Laut neuesten Forschungen enthält der Salbei einen Wirkstoff, der dem Penicillin ähnlich ist, was auch den günstigen Einfluß des Salbeis auf den Heilungsverlauf von Zahnfleisch- und Halsentzündungen erklären könnte.

83

Kaltes Mangold-

Zu Fisch wird traditionell Zitrone gereicht. In jenem Land, in dem die Zitronen blühen und gedeihen, in Italien, wird auch zu gegrilltem Fleisch eine Scheibe Zitrone serviert. Diese Kombinationen schmecken durch den frischen Saft der Zitrusfrüchte nicht nur gut, sie haben auch einen Sinn: Denn die Säure der Zitrone vermag Protein „aufzuschlüsseln" und unterstützt dadurch den Organismus bei der Eiweißverdauung.

Als Beilage zu den Fischfilets in Kapern-Salbei-Butter passen Reis oder Kartoffeln. Zusätzlich bieten sich verschiedene Sommergemüse an, die es nun überall zu kaufen gibt.

Besonders lieben wir den Mangold, der auch in nördlichen Breiten wiederentdeckt wird. Mangold ist ein Verwandter des Spinats und enthält wie dieser sehr viel Eisen. Wer einen kleinen Garten hat und im Mai Mangold anpflanzt, der wird monatelang mit einer üppigen Ernte belohnt. Mangold schmeckt uns am besten kalt. In einer Marinade aus Olivenöl, Knoblauch, Salz und Zitronensaft kommt sein herber und gleichzeitig leicht süßlicher Geschmack am besten zur Geltung.

ZUBEREITUNG

Die Stielenden des Mangolds wegschneiden, die Blätter zerpflücken, waschen und in drei bis vier Teile schneiden. Danach in kochendes Salzwasser geben und etwa 5-10 Minuten köcheln lassen (die weißen Stücke des Stiels sollen bißfest, aber gegart sein). Danach abseihen, sofort mit kaltem Wasser abschrecken – dadurch behalten die Blätter ihre schöne grüne Farbe. Das Olivenöl, die gehackten Knoblauchzehen, den Zitronensaft und eine Prise Salz in einer Schüssel gut verrühren, den ausgedrückten Mangold dazugeben und gut vermischen.

Gemüse

Z·U·T·A·T·E·N

(für 2 Personen):

1/2 KG. FRISCHER MANGOLD
2 KNOBLAUCHZEHEN
1/2 TEELÖFFEL SALZ
4 ESSLÖFFEL OLIVENÖL
SAFT EINER HALBEN ZITRONE

NOCH EIN HINWEIS:

Dieses Rezept schmeckt auch mit Spinat oder mit Fisolen (grünen Bohnen) ganz vortrefflich! Zu beachten ist nur, daß die Enden der Fisolen abgeschnitten werden. Außerdem müssen sie etwa 15-20 Minuten in Salzwasser kochen. Zu kalten Fisolen paßt auch sehr gut eine Marinade aus klein geschnittenen Zwiebeln, Kernöl und Apfelessig!

Noch ein anderes Gemüse, das unsere Gäste und wir besonders schätzen, möchte ich vorstellen: gebratene Gemüsezwiebeln. Diese weiße Zwiebelsorte mit dem süßlich-pikanten Geschmack paßt als Beilage zu vielen leichten Fleisch- oder Fischspeisen. Doch auch als Vorspeise mit frischem Weißbrot schmeckt sie ganz hervorragend!

Gebratene Gemüsezwiebeln

ZUBEREITUNG

Z·U·T·A·T·E·N

(pro Person)

2-3 WEISSE
GEMÜSEZWIEBELN
1 ESSLÖFFEL
OLIVENÖL
1 PRISE SALZ

Die dünne, durchsichtige, äußerste Schale der Zwiebeln entfernen; das Öl in einer kleinen Pfanne erwärmen, die Zwiebeln im ganzen dazugeben, salzen und bei mittlerer Hitze mit Deckel etwa 15-20 Minuten garen. Dazwischen manchmal wenden. Die Zwiebeln sollen außen leicht bräunlich und innen weich sein. Entweder heiß (als Zuspeise) oder kalt (als Vorspeise) servieren.

Jungbrunnen Zwiebel

Die Zwiebel galt in der Großmütter-Generation als Allheilmittel – eine Einschätzung, die von der heutigen Wissenschaft bestätigt wird. Über 150 wohltuende Wirkstoffe wurden in der Zwiebel nachgewiesen: Vitamine (etwa Vitamin C), Mineralstoffe und Spurenelemente wie Kalium, Phosphor, Magnesium, Fluor, Eisen, Zink, Kupfer, Mangan und Selen, sowie „bioaktive Substanzen" (Saponine, Enzyme, Flavonoide), die die Zellen und die Blutgefäße schützen.
Vor allem auf das Blut und auf die Atemwege üben Zwiebeln einen heilenden Einfluß aus.

Zwiebeln aktivieren aber auch Leber und Galle, fördern die Ausscheidung von Giftstoffen, regenerieren die Darmflora und töten schädliche Bakterien ab. Kein Wunder, daß die Zwiebel in manchen Quellen als regelrechter „Jungbrunnen" beschrieben wird, weil sie die Vitalität und auch die Liebeslust erhöht. (Ovid empfahl die Zwiebel in seiner „Liebeskunst" als Potenzmittel.) Wie die meisten stark riechenden Pflanzen galt die Zwiebel in ihrer mehrere tausend Jahre alten Geschichte als Mittel gegen böse Geister und

Dämonen. Die vielen verschiedenen Zwiebelarten werden auf der ganzen Welt als Gewürz und Gemüse geschätzt. Der starke, von den ätherischen Ölen stammende Geruch der Zwiebel beschränkt allerdings gelegentlich ihre Einsatzfähigkeit als Allheilmittel. Vor einigen Jahren hat mir eine ältere Dame gegen Haarausfall das tägliche Einreiben der Kopfhaut mit frischem Zwiebelsaft empfohlen. Da ich aber auch noch weiterhin unter Menschen gehen wollte, habe ich ihren Ratschlag nicht befolgt. Wer weiß, ob es geholfen hätte …

Auch im folgenden Rezept spielen Zwiebeln eine wichtige Rolle.

87

Provençalisches Huhn

Z·U·T·A·T·E·N

(für 4 Personen)

1 HUHN (ETWA
1,5 KG. SCHWER)
1 KG. ERDÄPFEL
(KARTOFFELN)
8 KLEINE PARADEISER
(TOMATEN)
4 MITTELGROSSE
ZWIEBELN
8 KNOBLAUCHZEHEN
1 BUND FRISCHER
ROSMARIN
1 BUND FRISCHER
SALBEI
(oder jeweils 3 Esslöffel der
getrockneten Kräuter)
6 ESSLÖFFEL
SCHWARZE OLIVEN
3 TEELÖFFEL SALZ
10 FRISCH GEMAHLENE
PFEFFERKÖRNER
6 ESSLÖFFEL OLIVENÖL

Dieses Rezept stammt von meiner Schwester, die in einem kleinen Landhaus in der südfranzösischen Provence wohnt. Es braucht nur eine sehr kurze Vorbereitungszeit – sowie eineinhalb Stunden, in denen die Zutaten in Ruhe schmoren können. Hühner aus Freilandhaltung, die mit Körnern gefüttert wurden, sind aus Geschmacks- und Tierschutzgründen auf jeden Fall zu bevorzugen!

ZUBEREITUNG

Die Zwiebeln schälen und vierteln. Die Knoblauchzehen schälen. Die Kartoffeln schälen und in 0,5 cm dicke Scheiben schneiden. Die Kräuter waschen und grob zerkleinern. Das Huhn außen und innen salzen und pfeffern und mit der Hälfte des Salbeis füllen. Die Zwiebeln, Erdäpfel, Knoblauchzehen, Oliven und Kräuter in eine große Bratpfanne geben, salzen, pfeffern, mit dem Olivenöl beträufeln und gut durchmischen, sodaß alle Erdäpfelschnitten gut gefettet sind. Diese Zutaten ein wenig an den Rand

schieben, in die Mitte das Huhn legen, und zwar mit der schönen Seite (der Brustseite) nach unten. Das Ganze unbedeckt in das vorgewärmte Backrohr schieben (220 Grad). Nach etwa 45 Minuten das Huhn wenden, dabei die restlichen Zutaten ebenfalls noch einmal durchmischen, damit sie gleichmäßig angebraten werden. Danach die gewaschenen Paradeiser auf die restlichen Zutaten rund um das Huhn legen. Für weitere 30 bis 45 Minuten bei etwa 180 Grad weiterbraten lassen.

Das Huhn dabei immer wieder mit dem entstandenen Saft begießen, damit es schön knusprig wird.

Das fertige „Poulet à la provençale" wird in der Pfanne serviert. So bleibt alles gut temperiert – und außerdem sieht das Gericht sehr schön aus.

In der Provence, dieser ebenso herben wie reizvollen Region im Südosten Frankreichs, ißt man gerne einfach. Hier herrscht die Mittelmeerküche vor. Mit den ausgeklügelten Saucen und Gerichten des nördlichen Frankreichs weiß man nicht allzuviel anzufangen. Wozu auch aufwendig kochen, wenn die köstlichsten Zutaten vor der Haus-

türe wachsen? Tomaten gedeihen an den typischen, alten Steinwänden prächtig, und um Rosmarin und Salbei zu ernten, braucht man in der Regel nur auf die benachbarte Wiese zu gehen.

Auch in nördlicheren Breiten ist es möglich, Salbei und Rosmarin im Garten oder in Töpfen auf einem Balkon zu pflanzen. Und selbst, wenn bei uns niemals der gleiche warme, würzige Wind wie in der Provence wehen wird – einen Hauch von Sommer im Süden kann man mit diesem Gericht auch in unsere Breiten zaubern. (Ein Gläschen eines kalten, trockenen Weißweins trägt ebenfalls dazu bei.)

„ L I E B E S Ä P F E L "

Statt die Paradeiser (Tomaten) mitzubraten, kann man sie übrigens auch in einem eigenen Gefäß mit etwas Olivenöl im ganzen im

Backrohr braten – eine Delikatesse! Paradeiser sind – wie ihr österreichischer Name schon sagt – Früchte aus dem Paradies, und folgerichtig hielt man sie im christlichen Europa lange Zeit für giftig. Die Tomaten, früher auch „Liebesäpfel" genannt, sind durch die wäßrige Glashausware etwas in Mißkredit geraten.

Doch ein sonnengereifter, „echter" Paradeiser gehört zu den köstlichsten Küchengenüssen.

Paradeiser enthalten neben vielen Vitaminen eine Substanz, die gegen sogenannte „freie Radikale" und daher zellschützend wirkt.

89

Caramel-Dessert

Dies ist eine Abwandlung der Creme Caramel, einer leichten sommerlichen Nachspeise, die sich als köstlicher Abschluß für jedes gute Mahl eignet und bereits am Vortag vorbereitet werden kann.

ZUBEREITUNG

Die Milch mit 2/3 des Zuckers, der Prise Salz und der Vanilleschote zum Köcheln bringen. (Das Vanillearoma verbreitet sich besser, wenn man die Schote der Länge nach aufschneidet und das feine, schwarze Vanillemark herausschabt.) Wenn sich der Zucker aufgelöst hat, auskühlen lassen.

Inzwischen die Eier (je nach Größe 6-8) in eine Schüssel aufschlagen und mit dem Schneebesen gut verrühren. Nun die ausgekühlte Milch unter ständigem Rühren in die Schüssel träufeln. Jetzt werden die feuerfesten Puddingformen oder einfach ganz normale Keramiktassen innen mit Caramel bestrichen. Dazu den restlichen Zucker in einem kleinen Topf (ohne Fett) erhitzen, bis er flüssig wird. Die Formen mit kaltem Wasser ausspülen, dann den flüssigen Caramel (etwa 1-2 Teelöffel pro Person) in die Form gießen und schwenken. Nun die Ei-Milchmasse in die Formen gießen und im Wasserbad etwa 30-45 Minuten im Backrohr bei 150-200 Grad backen. (Die Masse soll nicht kochen, das Wasser aber sieden!) Wenn sich an der Oberfläche eine Kruste bildet, die sich bei sanftem Fingerdruck gelatineartig anfühlt, ist das Caramel-Dessert fertig. Auskühlen lassen. Vor dem Stürzen den Boden der Formen noch etwa 30 Sekunden in kochendes Wasser stellen. Ein kleiner Aufwand, der sich aber wirklich lohnt!!

Z·U·T·A·T·E·N

(für 6 Personen)

1 LITER MILCH
6-8 EIER
250 G. ZUCKER
1 PRISE SALZ
1 ECHTE
VANILLESCHOTE

90

Betörende Orchidee

Das meiste, was wir heute in der Geschmacksrichtung „Vanille" aufgetischt bekommen, schmeckt nicht nach Vanille, sondern nach dem synthetischen Vanillin, das aus Restprodukten der Papierherstellung gewonnen wird und den wenig appetitlichen chemischen Namen 3-Methoxy-4hydroxy-benzaldehyd trägt.

Echte Vanille (Bourbon ist eine der besten Sorten) hat einen ganz feinen Geschmack, der süßlich, gleichzeitig zart-bitter und viel weniger vordergründig ist.

Vanilleschoten sind die Früchte einer tropischen Orchideenart.
Ihren betörenden, sinnlichen Duft strömen die Schoten allerdings erst nach dem Trocknen aus. Das Bestäuben der Blüten und das Ernten der Früchte müssen händisch erfolgen, wodurch sich auch der relativ hohe Preis der echten Vanilleschote erklärt.
Schon die Azteken würzten ihr heiliges Getränk, die Schokolade, mit Vanilleschoten. Die Spanier zeigten sich von der Schote begeistert und brachten sie nach Europa mit. Sie gaben ihr auch ihren Namen, wie Diane Ackermann in ihrem Buch „Die schöne Macht der Sinne" zu berichten weiß: „Die Spanier nannten die Schote vainilla („kleine Scheide") aus dem Lateinischen vagina – die längliche Schote mit einem Schlitz an der Oberseite hatte wohl die einsamen Spanier an das erinnert, was sie vermißten."

91

Kaninchen in Estragonsauce

Dieses Rezept klingt aufregend, schmeckt aufregend und ist doch ganz leicht zu kochen. Ich habe es durch meine Schwester in Frankreich kennengelernt.

Z·U·T·A·T·E·N

(für 4–6 Personen)

1 KANINCHEN
(vom Fleischhauer
in 6–8 Stücke zerlegt)
2 MITTELGROSSE ZWIEBELN
2 ESSLÖFFEL ESTRAGON-SENF
3/8 LITER WEISSWEIN
1/4 LITER SUPPE
1–2 TEELÖFFEL SALZ
12 KÖRNER WEISSER PFEFFER
FRISCH GEMAHLEN
4 ESSLÖFFEL
FRISCHER ESTRAGON
2 ESSLÖFFEL
GETROCKNETER ESTRAGON
1/8 LITER SCHLAGOBERS
(SAHNE)
3 ESSLÖFFEL CRÈME FRAÎCHE
5 ESSLÖFFEL OLIVENÖL

ZUBEREITUNG

Das Kaninchen in Olivenöl in einem Topf auf allen Seiten scharf anbraten, dabei salzen und pfeffern. Wenn das Fleisch Farbe angenommen hat, die fein geschnittenen Zwiebeln hinzufügen. Wenn diese glasig werden, mit dem Weißwein ablöschen. Den Senf und den getrockneten, zwischen den Händen zerriebenen Estragon hinzufügen. Den Topf mit Deckel in das etwa 180 Grad warme Backrohr stellen und das Fleisch 1 1/2 bis 2 Stunden schmoren lassen. Immer wieder nach Bedarf mit ein wenig Suppe aufgießen. Danach, wenn das Kaninchen weich ist, das Schlagobers sowie die Crème fraîche gut mit der Sauce vermischen, bei offenem Deckel noch einmal 15 Minuten einkochen lassen, den fein gehackten frischen Estragon hinzu-

fügen, mit Salz und Pfeffer abschmecken und heiß servieren. Als Beilagen bieten sich Reis und Salat an. Sowohl Weißwein als auch ein leichter Rotwein passen zu diesem Gericht.

NOCH DREI HINWEISE:

– Das Fleisch des Kaninchens ist weiß und zart. Da es aber nicht immer leicht zu bekommen ist, ein Tip: Dieses Rezept schmeckt auch mit Huhn sehr gut! Man rechnet dann ein großes Huhn (Poularde) für 4 Personen. Die Schmorzeit für ein zerlegtes Huhn beträgt etwa 45 Minuten.
– Besonders gut gelingt dieses Gericht in einem echten Schmortopf aus Gußeisen. Den gibt es im Fachhandel. Er kostet zwar eine Kleinigkeit, ist aber dafür praktisch unzerstörbar.
– Getrocknete Kräuter werden von Anfang an den Gerichten beigegeben, weil sie ihren Geschmack erst entfalten; noch besser veräußern sie ihre Duftstoffe, wenn man sie leicht zwischen den Händen zerreibt. Frische Kräuter werden prinzipiell erst kurz vor dem Servieren hinzugefügt, weil ihr Aroma sonst zerkocht!

Ein Schmortopf aus Keramik oder
emailliertem Gußeisen sollte in
keiner Küche fehlen. Das Fleisch wird
darin unvergleichlich zart.
Es brennt nicht an und bleibt
auch bei längeren
Schmorzeiten saftig.

„Drachenkraut"

GEGEN SCHLUCKAUF

Der Estragon ist ein altes, etwas in Vergessenheit geratenes Küchengewürz, das auch in unseren Breiten allmählich wieder eine Renaissance erlebt. In Frankreich gehört es ohnehin zum kulinarischen Alltag.

Estragon wächst, wenn er sich einmal wo eingebürgert hat, wie Unkraut. Der Busch in unserem Garten wird jedes Jahr größer, und wenn wir ihn nicht so regelmäßig durch Aufessen (in jedem Salat, in Saucen ...) einschränkten, hätte er wohl schon längst das ganze Gemüsebeet erobert. Vielleicht sind es seine Ausdauer und Lebenskraft, die dem Estragon seinen Namen verliehen haben: Denn in diesem steckt die Wurzel „Dragon", also Drachen, was in der italienischen Bezeichnung „Dragoncella" noch besser zum Ausdruck kommt. (Gut möglich, daß auch das Drachengrün der Pflanze zu ihrem Namen beigetragen hat – meine etymologischen Theorien sind aber reine Spekulation ...)

Estragon – dies nun verbürgt – ist mit dem Beifuß und anderen Artemisia-Arten verwandt. Auch seine Wirkung auf den Organismus ist nicht unähnlich: Der bekannte Aromatherapeut Jean Valnet beschreibt ihn als allgemein anregend, magenstärkend und innerlich antiseptisch. Außerdem sei er ein bewährtes Mittel gegen Schluckauf: „Ein Estragon-Blatt kauen oder 3 bis 4 Tropfen Estragon-Essenz auf einem Stück Würfelzucker einnehmen. Ich garantiere Ihnen einen 100%igen Erfolg."
Ich kann die Wirksamkeit dieses Mittels leider nicht bestätigen. Meinen letzten Schluckauf hatte ich in den frühen 80er Jahren, und damals kannte ich Valnets Ratschlag noch nicht.

NOCH EIN HINWEIS:

Estragon paßt sehr gut zu Essig. Ein Zweig davon in einer Flasche Apfel- oder Weinessig sieht nicht nur schön aus, sondern teilt nach einigen Tagen auch ein feines Aroma mit.

WO MILCH UND
Honig fließen ...

Als Nachspeise zu dem Kaninchen in Estragonsauce paßt – wie fast immer im Sommer – ein Salat aus frischen Früchten, die einfach klein geschnitten und mit etwas Honig und Zitronensaft mariniert werden. Wenn man für das nachfolgende Rezept über einen echten südfranzösischen Lavendelhonig verfügt, dann kann man der Speise noch zusätzlich ein unvergleichliches Aroma verleihen. Auch mit einem „normalen" Honig wird der „Pfirsich-Lavendel-Salat", dessen einmaliger Geschmack unsere Gäste immer wieder verblüfft, gut gelingen.

Wenn ich aus Südfrankreich zurückkehre, habe ich in meinem Gepäck immer vier bis fünf Töpfe voll Honig. Die Qualität von sortenreinem Honig, die in Frankreich gepflegt wird, existiert in den nördlichen Ländern nicht, wo man meist nur zwischen „Wald-" und „Blütenhonig" unterscheidet. Wenn man aber einmal auf einem der schönen Wochenmärkte in Aix-en-Provence, in Avignon oder in Manosque einen puren Honig aus Lavendel-, Akazien-, Linden-, Kastanien- oder Rosmarinblüten gekostet hat, dann fällt es einem schwer, von den geradezu süchtigmachend intensiven Geschmäckern wieder loszukommen.

STARK WIE EIN BÄR

Honig schmeckt nicht nur gut, er ist auch gesund. Manche Ernährungswissenschafter versuchen zwar durch die Analyse der chemischen Zusammensetzung des Honigs nachzuweisen, daß er hauptsächlich aus Zucker und Wasser besteht und daß es demnach gleichgültig wäre, ob man Zucker oder Honig zum Süßen verwendet. Doch im Gegensatz zu raffiniertem Zucker enthält Honig zahlreiche Vitamine, Mineralstoffe, Enzyme und Hormone, die das Immunsystem stärken. Daher kommt auch die traditionelle Verwendung des Honigs bei Erkältungen. Jeder spürt zum Beispiel, wie wohltuend es bei Halsweh sein kann, an einem Löffel Honig zu schlecken. Früher hat man sogar Wunden mit Honig bestrichen, um Infektionen zu verhindern. Die beruhigende Wirkung des Honigs wiederum kommt in dem klassischen „Kinderschlafmittel" warme Milch mit Honig sehr gut zur Geltung. Und noch besser wirkt das Kinderschlafmittel, wenn man den Kleinen erklärt, daß sie durch den Honig groß und stark wie Bären werden ...

Pfirsich-Lavendel-Salat

Eine verblüffende, aber harmonische Kombination, die sowohl optisch als auch geschmacklich aufregend ist – und das, obwohl Lavendel eigentlich als beruhigend gilt:

ZUBEREITUNG

Den Honig mit dem Cognac erwärmen, den grobgehackten Lavendel dazugeben und einige Minuten darin ziehen lassen. Die Pfirsiche waschen, entkernen, in mundgerechte Stücke schneiden, gut mit dem Zitronensaft vermischen (dadurch behalten sie ihre Farbe). Nun alle Zutaten gut verrühren und noch mindestens eine Stunde ziehen lassen.

Lavendel und Pfirsich harmonieren übrigens auch in Marmeladen ganz hervorragend – und zwar sowohl farblich als auch geschmacklich.
Lavendel fristet in unseren Breiten

sein Dasein meistens in Schränken, aus denen er Motten fernhält.
Dabei ist er eines der wirksamsten Heilkräuter. Er wirkt krampflösend, beruhigend, herzstärkend; vor allem das ätherische Öl des Lavendels erwies sich in Versuchen als stark antiseptisch und wundheilend.

Außerdem hilft es gegen den Juckreiz nach Mückenstichen. Der Duft des Lavendels macht fröhlich und sorgt für Harmonie.

Außerdem soll er – speziell bei Männern – den Sexualtrieb anregen (so wie der Geruch von Sandelholz bei Frauen).

Lavendel wächst auch in nördlichen Breiten an sonnigen und geschützten Plätzen. Wir haben jetzt schon vier Sträucher in unserem Garten, die jedes Jahr größer werden, üppiger blühen und noch mehr Bienen anziehen. Der Honig aus der Umgebung unseres Hauses soll bereits eine ganz eigene Note bekommen haben …

Z·U·T·A·T·E·N
(pro Person)

1-2 FRISCHE
REIFE PFIRSICHE
2 TEELÖFFEL HONIG
1 TEELÖFFEL
ZITRONENSAFT
2 TEELÖFFEL COGNAC
1 TEELÖFFEL FRISCHER
LAVENDEL
(Zweige und Blüten)

96

97

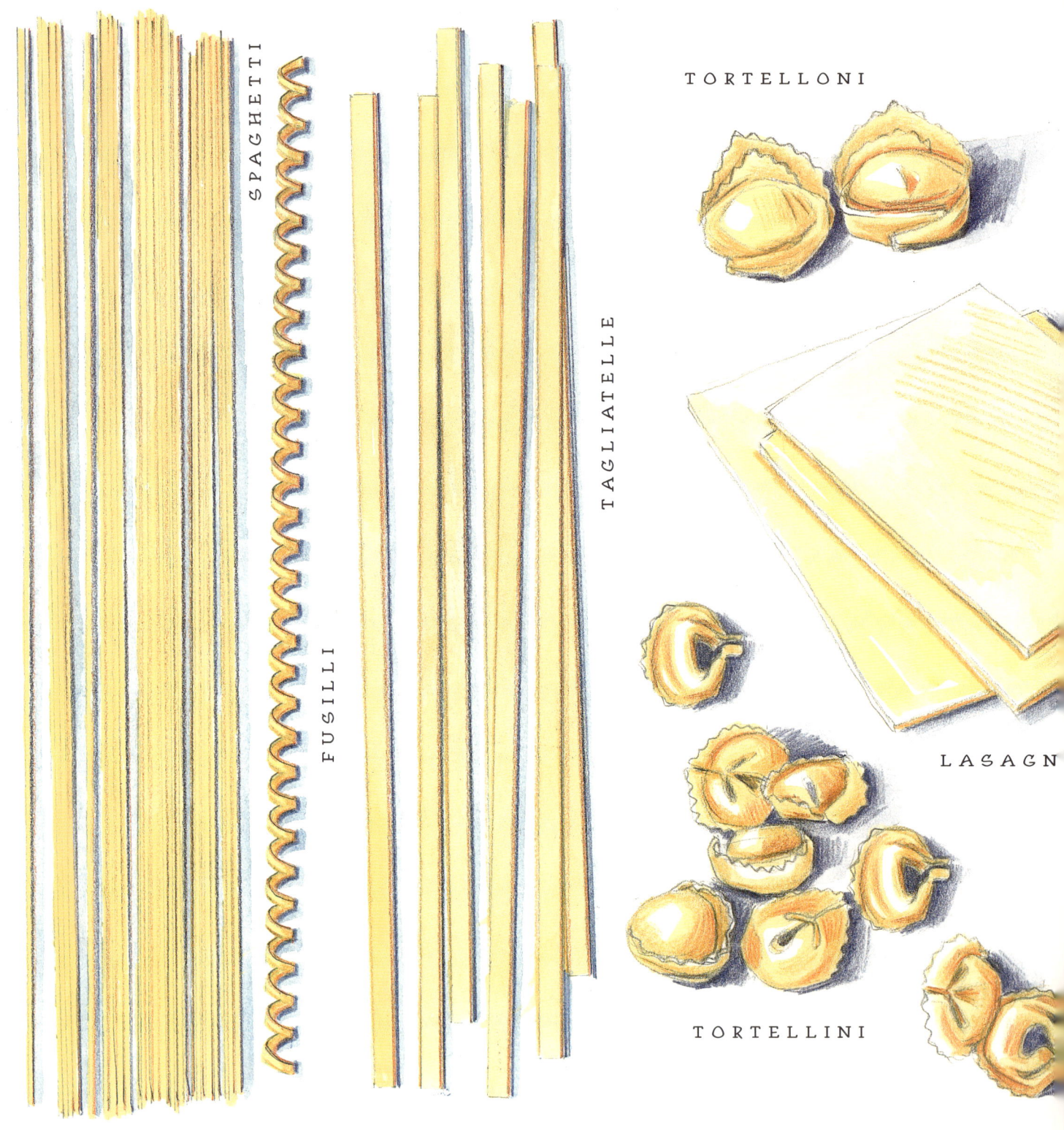

SPAGHETTI

FUSILLI

TAGLIATELLE

TORTELLONI

LASAGN

TORTELLINI

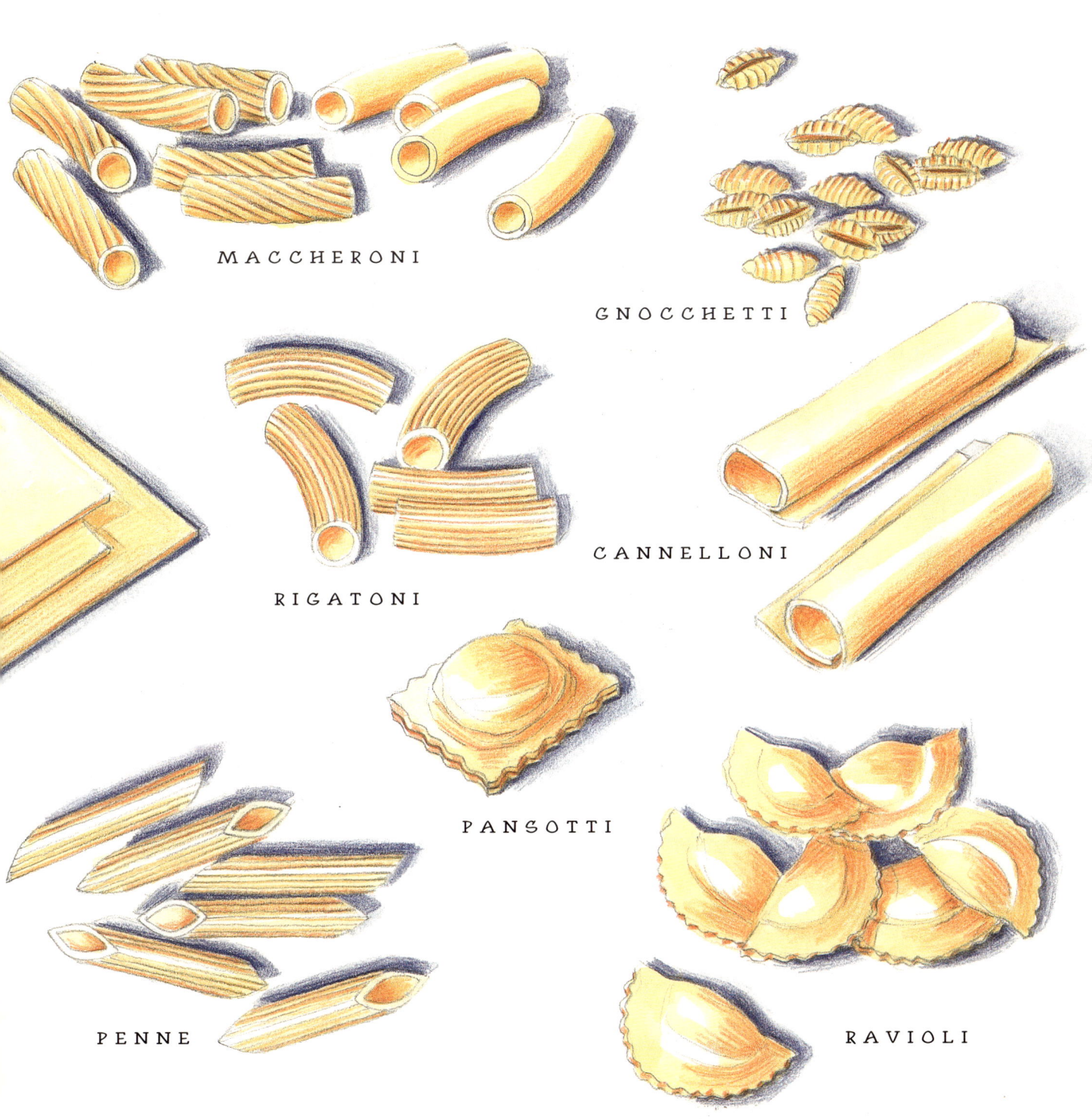

MACCHERONI

GNOCCHETTI

RIGATONI

CANNELLONI

PANSOTTI

PENNE

RAVIOLI

Und jetzt Pasta!

Pasta bedeutet soviel wie Teig und ist der Sammelbegriff für alle italienischen Teigwaren.

Wie sähe die Welt ohne Pasta aus? Italien wäre wahrscheinlich nie vereinigt worden und existierte nur in Provinzen. New York hätte ohne Little Italy auskommen müssen und überhaupt alle Städte ohne ihren „Italiener". Kinder würden zu ihrem Lieblingsgericht Ketchup nur noch „Pommes" essen, Studenten würden reihenweise verhungern, Sportler ihre klassische Regenerationsspeise einbüßen. Ich möchte gar nicht weiterphantasieren. Eine Welt ohne Pasta wäre nichts als eine armselig im Weltraum herumirrende Kugel. Die Geschichte, wonach Marco Polo die Pasta aus China mitgebracht hätte, ist übrigens eine Legende: Ein italienisches Kochbuch aus dem Jahr 1290 erwähnt die begehrten Teigwaren bereits. Damals fuhr Marco Polo allerdings noch auf den Weltmeeren herum; er kehrte erst 1295 nach Venedig zurück. Der wahre Kern der Marco-Polo-Geschichte liegt vielleicht darin, daß in China Teigtaschen und Nudelgerichte, freilich auf Reismehl-Basis, ebenfalls eine sehr lange Geschichte haben. In Italien will man bei aller Verehrung für Marco Polo die Entstehungsgeschichte der Pasta doch nicht außer Landes geben.

Jedenfalls munkelt man, daß bereits die alten Etrusker leidenschaftliche Pasta-Esser gewesen wären, wobei freilich einschränkend einzuwenden ist, daß in Italien die Etrusker wie bei uns die Kelten für alles herhalten müssen, was man nicht so genau weiß.

Ein anderes Märchen lebt in der Geschichte fort, daß Pasta angeblich dick macht – stimmt nicht! Dick machen allenfalls üppige Saucen oder Sugi. Nudeln mit Gemüse und ein wenig Olivenöl sind bekömmlichste Diätnahrung. Ich möchte nur an den Ausspruch Sophia Lorens erinnern, die ja nicht gerade als Pummelchen in die Filmgeschichte eingegangen ist: „Alles, was Sie sehen, verdanke ich den Spaghetti."

NUDEL-PHILOSOPHIEN

In Italien wird bereits um den Kauf der trockenen Pasta ein richtiger Kult betrieben. Spaghetti schmecken am besten von Barilla, Linguine von De Cecco, Penne von Buitoni – oder eben genau umgekehrt, beziehungsweise mit anderen Markennamen, je nach Philosophie, soll heißen: je nach Haushalt. Ich bin mir nicht sicher, ob diese Philosophien ihrer Überprüfung in der

Wirklichkeit einer Blindverkostung standhalten würden – aber das ist ja egal. Einbildung ist das halbe Leben – mindestens. Nur weniges ist gewiß. Zum Beispiel, daß Nudeln oder Teigblätter mit Rissen im künstlichen Schnellverfahren getrocknet wurden und daher abzulehnen sind.

DIE KUNST

des Pastakochens

Die erste und wichtigste Regel beim Kochen von Pasta ist, daß man genug Wasser verwenden muß. Die Pasta muß sich frei bewegen können, sonst wird sie außen weich und innen hart. Als Faustregel gilt: eine Basis von 3 Litern Wasser für die ersten 100 g sowie ein Liter zusätzlich pro 100 g Pasta. Dieses Wasser muß stark kochen und so gesalzen werden, daß es ziemlich salzig schmeckt (etwa ein gehäufter Teelöffel Salz pro Liter).

Bei frischer Pasta kann man dem Kochwasser außerdem ein oder zwei Teelöffel Olivenöl oder ein nußgroßes Stück Butter hinzufügen, damit der Teig nicht zusammenklebt.

Während des Kochens, das bei offenem Deckel vor sich geht, sollte man mit einem Holzlöffel hin und wieder ein wenig umrühren. Bei frischer Pasta muß dies sehr vorsichtig geschehen. Hier darf auch das Wasser nicht zu heftig kochen, weil der Teig sonst zerfallen könnte.

Es ist von entscheidender Wichtigkeit, die Pasta nicht zu lange zu kochen. „Al dente" – was soviel bedeutet wie „auf den Zahn", also bißfest – sind die Nudeln dann, wenn sie noch einen winzigen, weißen Kern haben: Wenn man einen Spaghetto oder eine Penna (falls diese Einzahlen existieren) aus dem Wasser holt und zerbeißt oder aufschneidet, dann sollte man noch einen winzigen, weißen, nicht durchgekochten Teil der Pasta sehen. (Diese Regel gilt natürlich nur für getrocknete Pasta. Frischgemachte Nudeln haben logischerweise keinen harten Kern.) Die auf den Packungen angegeben Kochzeiten stimmen im großen und ganzen, dennoch empfiehlt es sich, gegen Ende immer wieder zu kosten.

Eine leider verbreitete Unsitte ist, die Pasta nach dem Abseihen mit kaltem Wasser abzuschrecken. Schließlich wollen wir sie ja frisch und warm essen, und nicht aufgewärmt. Nach dem Abseihen muß aber alles sehr schnell gehen, weil die Nudeln sonst zum Zusammenkleben neigen – also: Entweder gleich mit Olivenöl oder Butter vermischen, oder mit dem Sugo vermischen, kurz ziehen lassen und dann servieren.

101

Wir hatten lange Zeit Scheu vor dem Produzieren selbstgemachter Pasta – wozu die Plage, wenn es doch ohnehin die besten Trockenprodukte gibt? Das richtige Mehl – aus Durum- oder Hartweizen – hatten wir zwar zu Hause, aber dennoch fühlten wir uns nie inspiriert. Bis uns eines Abends die Nudelmach-Lust überkam.
Aber wie anfangen? Ich rief meinen Cousin in Rom an ...

NUDELTEIG

telefonisch erklärt

- Hallo Marco, wie geht´s?
- Ciao!! Eine schreckliche Hitze hier in Roma. Und die Luft! Aber sonst ... E da voi? Tutto a posto?
- Naja, soweit alles am Posten ... nur versuchen wir gerade, Pasta fresca zu machen ...
- Oje.
- Wir haben das richtige Mehl, Farina „tipo 0", also Mehl aus Hartweizen. Aber wie fängt man an?

- Pasta machen ist das Einfachste, was es überhaupt gibt. Mamma mia. Also ...
- Ja? Hallo?
- Hm, warte, ich geb' dir Stefania.
- Hallo? Sono Stefania. Ciao!
- Ciao! Vogliamo fare la pasta fresca!
- Oh, das ist ganz leicht.
- Haben wir schon gehört.
- Es geht so wie Betonmischen ohne Mischmaschine.
- Wenn´s sonst nichts ist.
- Alora, tu prendi la farina ... ja, das Mehl?
- Ja!
- Das siebst du auf den Tisch ... am besten auf einen Holztisch.
- Wieviel?
- 100 Gramm für eine Person.
- Und dann?
- Und dann machst du den Vesuvio ... einen Vulkan, verstehst du?
- ???
- Du formst aus dem Mehl einen Berg mit einem Krater. Und in diesen Krater gibst du eine kleine Prise Salz und nach und nach Wasser. Einen Teelöffel Olivenöl kannst du auch dazugeben. Aber du mußt sehr vorsichtig und langsam sein!
- Immer! Und dann?

– Und dann ist der Teig schon fast
  fertig. Mit einer Gabel mischst
  du – langsam!
– Ja!!
– ... mischst du also langsam das
  Mehl und das Wasser. So ent-
  steht der Teig. Nimm nicht mehr
  Wasser, als unbedingt notwendig.
– Gibt es da keine Regel?
– Nein. Wenn der Teig ein Teig
  ist, dann hast du genug Wasser.
  Und diesen Teig mußt du jetzt
  kneten und kneten ...
– Uhh ...
– Ja, je mehr du ihn knetest, desto
  besser. Zehn Minuten ist das Mi-
  nimum. Danach läßt du ihn zehn
  Minuten rasten.
– Gerne.
– Ja, und dann nimmst du einen
  mattarello ...
– Ein Nudelholz?
– Ja, genau. Du staubst die Arbeits-
  fläche mit Mehl und rollst mit
  dem Nudelholz den Teig aus, bis
  er etwa zwei bis drei Millimeter
  dünn ist. Nun staubst du auch
  die Teigfläche mit Mehl und
  schneidest den Teig in etwa 15
  Zentimeter breite und 30
  Zentimeter lange Stücke. Du
  rollst den Teig zusammen ...
– Wie jetzt? Wie rolle ich ihn
  zusammen?
– Du nimmst das kurze Ende und
  machst Rollen, die also etwa 15
  Zentimeter lang sind ...

– Ja.
– Von diesen Rollen schneidest du
  dann mit einem scharfen Messer
  Stücke herunter, die etwa einen
  halben Zentimeter breit sind.
  Wenn du eine Nudelmaschine
  hast, kannst du auch Spaghetti
  machen.
– Und dann?
– Dann rollst du die Teigröllchen
  auseinander ...
– Das sind dann die Nudeln!
– Ja, und die läßt du trocknen, bis
  das gesalzene Wasser kocht.
  Zum Trocknen kannst du die
  Nudeln auch über einer Stange
  aufhängen. Dann wirfst du sie in
  das kochende Wasser, läßt sie
  eine knappe Minute und ja nicht
  länger kochen und aus. Warte,
  ich geb' dir Marco!
– Hallo? Na, was ich gesagt habe.
  Ganz einfach. Nur Wasser, Mehl
  und Salz ...
– Va bene, also danke. Wir melden
  uns! Ciao e saluti alla bella Roma.

Natürlich haben wir im Laufe des
Abends noch einmal angerufen.
Aber nur, um das gute Gelingen zu
vermelden.

Z·U·T·A·T·E·N
(pro Person)

100 G. MEHL
WASSER
1 PRISE SALZ

DIE NUDEL UND DAS EI

Denselben Teig kann man auch mit Ei machen – dadurch entsteht eine „Pasta all´uovo". Man rechnet 1 Ei für 100 Gramm Mehl.

Wasser braucht man nur für den Fall, daß das Ei nicht genug Flüssigkeit abgeben sollte. Auch die Eierteigwaren sollten 15-30 Minuten trocknen, bevor sie in das kochende Wasser kommen. Eierteigwaren eignen sich gut für sehr saftige Sugi oder auch als Zuspeise (was die Italiener freilich weniger gern hören ... die heilige Pasta wird niemals „dazu" gegessen).

Wichtig für die hausgemachte Pasta ist das richtige Mehl, das aus Hartweizen (Durum-Weizen) gemahlen wird. In Italien ist das die Type „0", in Deutschland und in Österreich existiert diese Typenbezeichnungen nicht. (Es gibt zwar für mittlerweile fast alles europäische Einheitsbezeichnungen, aber mit dem absoluten Grundnahrungsmittel Mehl tut man sich anscheinend schwer.) Leider ist, jedenfalls in Österreich, Mehl aus Hartweizen meist nur in italienischen Feinkostläden zu bekommen. Die Eigenproduktionen von Mehl aus Durum-Weizen gelangen kaum in den Handel, weil sie gleich an die Teigwarenhersteller verkauft werden. Mit anderem Mehl – am ehesten eignet sich noch doppelt griffiges Weizenmehl – erhält man zwar auch Nudeln, diese neigen aber dazu, entweder matschig oder speckig zu werden.

PHÄNOMENOLOGIE

der gemeinen Nudel

Es gibt mindestens 300 verschiedene Formen von Pasta, und es ist keineswegs egal, wie und mit welchen Zutaten man sie ißt. Jede Pasta schmeckt anders, sagen die Italiener, und das, obwohl fast alle Formen die gleichen Inhaltsstoffe aufweisen: Wasser und Mehl.

Tatsächlich beeinflussen Sugo und Pasta einander nicht unwesentlich. Es gibt keine Faustregel für das harmonische Zusammenspiel von Pasta und Sugo, aber es gibt einige Wegweiser.

Je dünner und leichter die Pasta ist, desto feiner kann auch der Sugo sein.

Fettuccine

MIT SALBEI, BUTTER UND PARMESAN

Für große, und besonders für hohle Pasta-Formen, die viel Sugo aufnehmen, können auch die Zutaten kräftiger und gröber geschnitten sein.

Pasta mit Rillen an der Außenseite, etwa Penne rigate oder Rigatoni, nehmen cremige Saucen (zum Beispiel mit Schlagobers bzw. Sahne) gut auf; Ragouts aus Fleisch und Tomaten passen sehr gut zu hohlen (etwa Penne) oder breiten (etwa Tagliatelle) Pastaformen. Für Pasta mit geschnittenem Gemüse eignen sich am besten kurze Pastaformen, weil diese gemeinsam mit den Gemüsestücken auf die Gabel gespießt werden können.

Das sind einige der Hinweise, die ich auf meine Fragen erhalten habe. Meistens aber bekam ich von Italienern nur ein Schulterzucken und eine etwas ungeduldige Handbewegung als Antwort auf das Rätsel, welche Pasta womit harmoniert. Genauso schlecht, meinte ein Koch, könnte ich die Frage nach dem Sinn des Lebens stellen. Vielleicht frischgemachte Pasta?

ZUBEREITUNG

Die Pasta wie beschrieben (allerdings mit Ei – Fettuccine sind Eierteigwaren!) zubereiten, in etwa 8 Millimeter breite Stücke schneiden, kurz trocknen und kochen. Während der Teig ruht, den Salbei waschen, ein wenig zerpflücken, die Butter in einer Pfanne schmelzen lassen und den Salbei darin anwärmen (er soll nur leicht rösten, sonst wird er zu bitter).

Die fertige Pasta mit der Salbeibutter gut durchmischen, bei Tisch mit Parmesan bestreuen.

Auch viele andere Sugi verdanken ihr Hauptaroma den frischen Gartenkräutern, die im Sommer überall gedeihen. Das Sommerkraut schlechthin ist für mich das Basilikum.

Z·U·T·A·T·E·N

MEHL
(100 G. PRO PERSON)
1 EI PRO PERSON
SALZ
BUTTER
(1-2 Eßlöffel pro Person)
SALBEI
(1 Handvoll pro Person)
FRISCH GERIEBENER
PARMESAN NACH
BELIEBEN

105

Basilikum

DER DUFT DES SOMMERS

Basilikum oder Basilienkraut verbreitete sich vor vielen Jahrhunderten von Vorderindien, wo es noch heute als heilige Pflanze verehrt wird, über den gesamten Mittelmeerraum. Es gibt verschiedene Arten von Basilikum, die sich im Sommer leicht in Töpfen großziehen lassen. Wir ziehen meistens mehrere Pflanzen von grünem und rotem Basilikum; letzteres hat einen intensiveren, aber auch etwas schärferen Geschmack.

Basilikum benötigt viel Sonne und viel Wasser; für das Gedeihen der Pflanzen ist auch die richtige Ernte wichtig: Wachsen sie zu sehr in die Höhe, zwickt man die oberen Triebe ab; wenn das Kraut zu dicht wird, empfiehlt es sich, die Blätter, die seitlich am Stengel wachsen, abzuernten. Während eines Aufenthalts in Tunesien wunderte ich mich über dicke, üppige Basilikumbündel, die über vielen Haustüren aufgehängt waren. Auf meine

Frage nach dem Grund für diesen Brauch klärten mich ältere Bewohner darüber auf, daß Basilikum die bösen Geister daran hindere, in das Innere des Hauses zu kommen. Die Jüngeren lachten über diesen Aberglauben, bezeichneten die Basilikumsträuße aber als ausgezeichnetes Mittel gegen lästige Insekten.

Auch die medizinische Verwendung des Basilikums hat eine lange Tradition. Die vielen ätherischen Öle des Basilikums wirken antibakteriell; sie lindern Krämpfe und wirken laut Jean Valnet allgemein gegen Nervenschwäche, geistige Überanstrengung, Angstzustände und nervöse Schlaflosigkeit. Der erfrischende, belebende Geschmack des Basilikums macht es zum idealen Gewürz für viele, leichte Sommergerichte (aus einem Tomatensalat will ich es mir gar nicht wegdenken!). Köstlich schmeckt auch die populär gewordene „Insalata caprese", die mit frischer Mozzarella, Tomaten, Salz, Olivenöl und frischem Basilikum angerichtet wird. Ebenfalls köstlich ist jene Spaghetti-Variation, die die Italiener an besonders heißen Tagen gerne essen: Rohe Tomaten werden in kleine Würfel geschnitten, mit Salz, Öl und Basilikum vermischt – dieser kalte, wunderbar erfrischende Sugo kommt über die heißen Spaghetti. Mit diesen leichten und bekömmlichen Gerichten kann einem auch die brütende Sommerhitze den Appetit nicht verderben!

Das berühmteste Basilikumgericht ist aber zweifellos der Pesto genovese.

Linguine al pesto

Z·U·T·A·T·E·N

(für 4 Personen)

1/2 KG. LINGUINE
(bzw. Trenette)
2 BUND FRISCHES BASILIKUM
2 ESSLÖFFEL
GERIEBENER PARMESAN
2 ESSLÖFFEL
GERIEBENER PECORINO
(harter, würziger,
italienischer Schafskäse)
4 ESSLÖFFEL PIGNOLI
(PINIENKERNE)
6 KNOBLAUCHZEHEN
4 ESSLÖFFEL OLIVENÖL
1/8 LITER SCHLAGOBERS
(SAHNE)
1/2 TEELÖFFEL SALZ

ZUBEREITUNG

Das Basilikum waschen, in einem sauberen Geschirrtuch trocknen. Knoblauch, Pinienkerne und Basilikum mit einem Wiegemesser grob zerkleinern. In einem großen Steinmörser die Pinienkerne, den Knoblauch, das Salz und das Basilikum gemeinsam zerstoßen und nach und nach das Öl hinzufügen. Wenn das Ganze zu einer Art Paste geworden ist, die beiden Arten von Käse hinzufügen. Das Schlagobers hinzufügen, alles in einem Topf vermischen und ganz sanft anwärmen.
Inzwischen die Pasta in viel Salzwasser al dente kochen, abseihen und mit dem lauwarmen Pesto gut vermischen. Mit einigen Blättern frischen Basilikums verzieren und heiß servieren.

EIN HINWEIS:
Wenn man über keinen Mörser verfügt, dann reicht es auch, die Zutaten mit dem Wiegemesser fein zu schneiden.

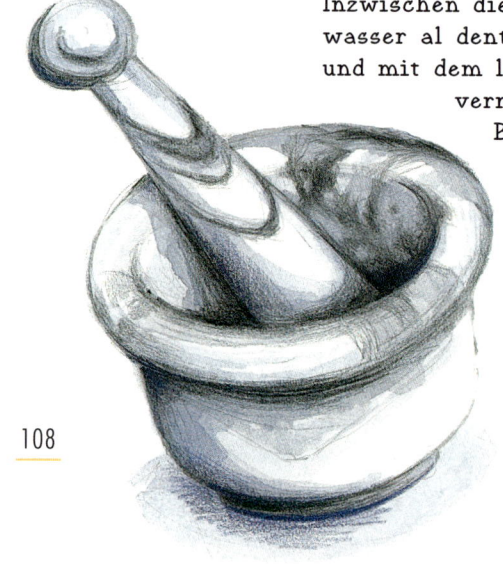

Dieses Rezept (mit getrockneter Pasta) ist eine Abwandlung der original ligurischen Spezialität aus Genua: Hier verzichtet man auf das Schlagobers, dafür werden die Linguine bzw. Trenette gemeinsam mit kleinwürfelig geschnittenen rohen Kartoffeln und mit Fisolen (grünen Bohnen) gekocht, danach erst mit dem Pesto vermischt und serviert. Auch dieses Rezept, das so streng nach Vorschrift wirklich nur noch in der Region um Genua gepflegt wird, ist einen Versuch wert. Doch bei unseren Testessen im Freundeskreis ist der Pesto mit dem kleinen Schuß Schlagobers, übrigens eine Erfindung meiner Tante Frieda, noch besser angekommen ...

Natürlich kann man den „Pesto", was soviel bedeutet wie „Gestoßenes, Gestampftes", auch mit ganz normalen Spaghetti oder Spaghettini essen. Die Ligurier bevorzugen für dieses Gericht allerdings die leicht abgeflachte Form der Linguine, die gelegentlich auch Trenette genannt werden. Ich kann mir nicht erklären, warum: Aber der Pesto schmeckt mit Linguine oder Trenette wirklich um noch eine Spur besser. Wir konservieren den Pesto gerne in Gläsern, damit wir ein wenig des sommerlichen Basilikumgefühls auch

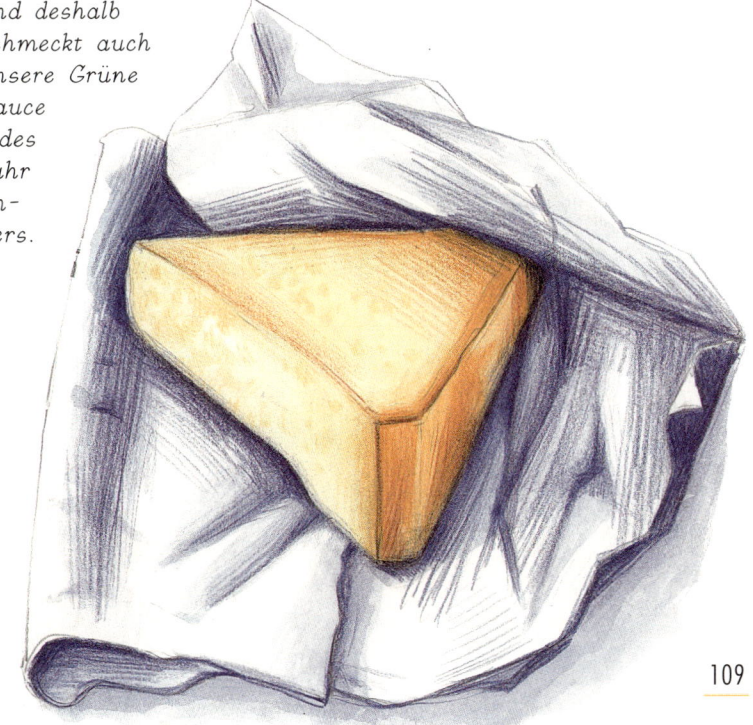

in anderen Jahreszeiten genießen können.
Das geht ganz leicht, indem man den Pesto – allerdings ohne den Käse! – in Marmeladegläser füllt, wobei man ihn fest hineindrücken muß, damit keine Luftblasen in der Mitte bleiben. Dann wird das Glas mit einer etwa 1 cm dicken Olivenölschicht luftdicht abgeschlossen. Im Kühlschrank hält der Pesto solcherart über Monate frisch.

NOCH EIN HINWEIS:

Ganz ähnlich wie den Pesto kann man übrigens viele Kräuter einlegen und gegen Ende des Sommers haltbar machen. Die Kräuter werden einfach sehr fein geschnitten und in einem Einmachglas mit Olivenöl und Salz vermischt, anschließend ganz mit Olivenöl bedeckt. Solcherart behandelt, behalten Petersil, Rosmarin, Thymian, Salbei, Dille oder Estragon ihren Geschmack besser als getrocknet oder tiefgefroren. Auch für das Zubereiten einer „Grünen Sauce" oder „Salsa Verde" aus gemischten Kräutern ist das Ende des Sommers eine gute

Zeit. Wir bereiten jedes Jahr, wenn die ersten Fröste nahen, eine Mischung aus den grünen Kräutern in unserem Garten, die wir fein hacken und mit Salz und Olivenöl konservieren. Jedes Jahr wächst ein anderes Kraut besser, jedes Jahr schmeckt ein anderes Kraut intensiver – und deshalb schmeckt auch unsere Grüne Sauce jedes Jahr anders.

Die wundersame

KNOBLAUCH- VERMEHRUNG

Zurück zur selbstgemachten Pasta – die uns am allerbesten in Kombination mit frischen Steinpilzen schmeckt. Unser Rezept für Tagliatelle mit Steinpilzen entstand eigentlich zufällig. Von Stefania weiß ich, daß in Italien zu Pilzen, ja selbst zu Trüffeln, immer eine ganze Knoblauchzehe im Stück mitgebraten wird. Der Knoblauch deckt nämlich den Geschmack von Pilzen keineswegs zu – ganz im Gegenteil, er hebt den Pilzgeschmack hervor. Wir brieten also die Steinpilze mit einer Knoblauchzehe. Dann legten wir sie über die gekochten, in Butter geschwenkten Tagliatelle. Diese Kombination schmeckte unglaublich gut. Allerdings entstand ein Streit um die Knoblauchzehe – in Italien wird sie üblicherweise nur mitgebraten, und nicht gegessen! Wir einigten uns auf Teilen. So eine in Butter gebratene Knoblauchzehe gehört sicher zum Feinsten, was die Küche zu bieten hat. Also gaben wir bei den nächsten Tagliatelle mit Steinpilzen zwei Knoblauchzehen dazu. Dann vier. Dann sechs. Dann acht. Mittlerweile sind wir bei einem Mischungsverhältnis von eins zu eins angekommen, und das Rezept ist nun perfekt.

Tagliatelle

MIT STEINPILZEN UND KNOBLAUCH

Z·U·T·A·T·E·N
(für 2 Personen)

200 G. MEHL
2 EIER
300 G. STEINPILZE
EINE GANZE KNOLLE
KNOBLAUCH
4 ESSLÖFFEL BUTTER
1/2 TEELÖFFEL SALZ
1 PRISE
WEISSER PFEFFER

ZUBEREITUNG

Die Pasta wie angegeben zubereiten (mit Ei - auch Tagliatelle sind Eierteigwaren), in etwa 6 mm breite Stücke schneiden, kurz trocknen lassen. In einer Pfanne Butter zergehen lassen. Die in ca. einen halben Zentimeter dicke Scheiben geschnittenen Pilze sowie die geschälten Knoblauchzehen der ganzen Knolle in die Pfanne legen. Mit weißem Pfeffer würzen, noch nicht salzen – die Pilze lassen sonst Wasser und dünsten, anstatt zu braten. Unter gelegentlichem Wenden so lange braten, bis die Pilze und der Knoblauch leicht Farbe annehmen.
Mittlerweile in einem großen Topf mit genügend gesalzenem Wasser die Tagliatelle kurz kochen. Abseihen. Die Pilze und den Knoblauch unter Zugabe der zerlassenen Butter mit den Tagliatelle mischen. Noch eine Minute lang ziehen lassen, damit die Teigwaren den Geschmack der Pilze annehmen können.
Dann servieren. Falls die Tagliatelle zu trocken sein sollten, geben wir noch ein paar Flocken Butter oder einen Schuß Schlagobers (Sahne) dazu.
Auch mit ein paar Tropfen Trüffelöl kann man die Tagliatelle verfeinern. Das Aroma der Trüffel harmoniert hervorragend mit dem Geschmack der Steinpilze und des gebratenen Knoblauchs.
Eine Variation dieses Gerichts läßt sich gut aus weniger seltenen Zutaten herstellen:

111

Rigatoni

MIT ZUCCHINI, KNOBLAUCH UND PEPERONCINO

ZUBEREITUNG

Die Knoblauchzehen der Knolle schälen, die Zucchini waschen und in Streifen schneiden, die ungefähr so lang und so dick sind wie die Rigatoni. Olivenöl in einer Pfanne heiß werden lassen, Knoblauch, Zucchini sowie die im Mörser zerstoßene Peperoncino-Schote scharf anbraten. Salzen und bei kleinerer Flamme ohne Deckel weichdünsten (ca. 15 Minuten).
Inzwischen die Rigatoni in Salzwasser al dente kochen. Abseihen und in der Pfanne mit der Zucchini-Knoblauch-Olivenölkombination vermischen. Gleich servieren.

Übrigens schmeckt die Zucchini-Knoblauch-Mischung auch als Gemüse ganz hervorragend. Man kann sie auch kalt werden lassen und mit frischem Weißbrot als Vorspeise reichen.

NOCH EIN HINWEIS:
Was tun, wenn von einer Nudelspeise etwas übrigbleibt? Aufgewärmte Nudeln sehen weder schön aus, noch schmecken sie gut. Man kann aber eine „Frittata" herstellen, eine Art Nudeltorte, indem man die Reste in einer guten Pfanne kurz erwärmt und mit einer gut verquirlten Mischung aus Ei, etwas Salz und etwas Milch bedeckt. Man läßt diese „Torte" mit einem Deckel auf der Pfanne durchbraten, stürzt sie dann auf einen Teller und verspeist sie entweder warm oder kalt. Zur Verfeinerung kann man in der Pfanne vorher auch noch Zwiebel rösten. Wenn es dazu paßt, machen sich auch einige Tropfen Trüffelöl, unter das Ei gerührt, sehr gut.

ZUTATEN
(für 2 Personen)

250 G. RIGATONI
2 MITTELGROSSE ZUCCHINI
1 GANZE KNOLLE KNOBLAUCH

5 ESSLÖFFEL OLIVENÖL
1 ESSLÖFFEL SALZ
1 GETROCKNETER PEPERONCINO (CHILISCHOTE)

STEINPILZE

auf der Hütte ...

Zurück zu den Individualisten des spät-sommerlichen Waldes, den Steinpilzen. Was soll man tun, wenn es einem passiert, tatsächlich drei Kilo makellose Steinpilze zu finden? Gut, es soll nichts Schlimmeres geschehen, wie meine Mutter bei solchen Gelegenheiten zu sagen pflegt. Aber wenn die Freunde auf Urlaub, die Pilze zum Trocknen zu schade und man selber schon nach dem Verzehr von drei in Butter gebratenen Exemplaren satt ist, dann bleibt einem ja im Grunde bis auf das Einlegen (siehe Kapitel „Herbst") nichts anderes übrig, als die Pilze einzufrieren.

Beim Einfrieren von Steinpilzen gehe ich folgendermaßen vor: Ich schneide die Pilze in große, ca. einen halben Zentimeter dicke Scheiben. Dann breite ich sie auf einem Tablett, einem großen Teller oder auf Butterpapier aus und gebe sie in den Tiefkühlschrank. Nach ungefähr einer Stunde sind die Pilze so weit gefroren, daß ich sie von dem Tablett in einen Tiefkühlsack geben kann, aus dem ich vor dem sorgfältigen Verschließen die Luft per Mund oder Vakuummaschine so gut wie möglich heraussauge.

Der simple, aber wirkungsvolle Trick des „Anfrierens" bewirkt, daß die Pilzscheiben nicht zusammenkleben und jederzeit in beliebiger Menge aus dem Tiefkühlsack direkt in die heiße Butter sinken können – und mit ihnen ein Teil des sommerlichen Überflusses. Am besten schmecken die Pilze natürlich frisch, direkt nach dem „Fang" auf einer Hütte zubereitet – mit frischer Butter, etwas feingehackter Zwiebel und einem Schuß Schlagobers (Sahne).

113

„Beenmus"

DER GESCHMACK DES WALDES

Beim Sammeln beziehungsweise Suchen von Steinpilzen ergeben sich oft interessante Nebenfunde in Form von Beeren. In manchen Gebieten gedeihen nur wenige Beerensorten, in anderen wieder findet man die ganze bunte Palette: Himbeeren, Brombeeren, Walderdbeeren, Johannisbeeren, Heidelbeeren ... „Selbstgejagtes" wie ein Kübelchen voll frischer Beeren schmeckt immer noch am besten, nicht nur den Kindern. Auch von einer ganz einfachen und ganz besonderen Nachspeise sind Kinder und Erwachsene gleichermaßen begeistert. Es handelt sich dabei um ein Gericht, das ich in der Gosau im oberösterreichischen Salzkammergut kennengelernt habe. Im ganz eigenen Dialekt der Gosauer heißen Beeren „Been"; Wald-erdbeeren sind „Rotbeen", Heidelbeeren „Schwochzbeen"; und ein „Beenmus" ist eine Art Grießschmarren mit frischen Waldbeeren. Es war früher eine typische Holzknechtspeise, die in einer großen gußeisernen Pfanne über dem offenen Feuer bereitet wurde.

ZUBEREITUNG

Die gemischten Waldbeeren von Blättern befreien und waschen; die Butter mit der Milch und einer Prise Salz in einer großen Pfanne heiß werden lassen; nach und nach den Grieß in einem feinen Strahl hinzufügen, dabei ständig mit einem Holzlöffel umrühren (sonst kommt es zu Verklumpungen).
Wenn die Flüssigkeit ganz aufgesogen, der Brei also zu einem „Schmarren" geworden ist, den Grieß verkosten; ist er noch zu hart, muß etwas Milch hinzugefügt werden; wenn er schmeckt, gleich servieren. Auf den Tellern werden nach Belieben die

Z·U·T·A·T·E·N

(für 6 Personen)

1/4 KG. GROBER
WEIZENGRIESS
4 FLOCKEN BUTTER
1 PRISE SALZ
1/2-3/4 LITER MILCH
STAUBZUCKER
ZUM BESTREUEN
GEMISCHTE, FRISCHE
WALDBEEREN NACH
BELIEBEN

Beeren untergemischt; gesüßt wird mit Staubzucker; auch eine Butterflocke macht sich in dem fertigen „Beenmus" gut.

Waldbeeren schmecken unvergleichlich intensiv – gezüchtete Früchte können da nicht mithalten. Auch der Gehalt an Vitaminen und anderen pflanzlichen Inhaltsstoffen ist bei den wilden Beeren wesentlich höher. Himbeeren, vor allem die abgekochten Blätter, werden in der Volksheilkunde außerdem zur Blutreinigung empfohlen, Brombeeren bei nervösen Darmproblemen, Heidelbeeren bei Entzündungen.

In der Gosau, woher unser Rezept stammt, sagt man außerdem, daß das regelmäßige Essen frischer Waldbeeren das Herz schützt – wobei wahrscheinlich die ausgiebige Bewegung, die man beim Sammeln macht, auch keine unwesentliche Rolle spielt.

Zurück zu den Steinpilzen. Ich finde, daß sie ihren Geschmack auch in einem Risotto ganz hervorragend entfalten.

Risotto mit Steinpilzen

Diese Speise kann man immer kochen, wenn man Steinpilze und Risotto-Reis im Hause hat. Wichtig ist, tatsächlich echten italienischen Risotto-Reis zu haben, denn nur dann wird diese Speise so unvergleichlich schmecken wie in einem der Landgasthäuser der Lombardei oder des Piemont. Die gängigsten italienischen Reissorten heißen Vialone und Arborio; wenn man den seltenen Carnaroli-Reis bekommt, kann man sich noch glücklicher schätzen.

Z·U·T·A·T·E·N

(für 2 Personen)

200 G. RISOTTO-REIS
300 G. FRISCHE
STEINPILZE
EINE HANDVOLL
GETROCKNETE
STEINPILZE
4 ESSLÖFFEL BUTTER
1/8 WEISSWEIN
1/8 OBERS (SAHNE)
EINE KNOBLAUCHZEHE
1/4 - 1/2 LITER SUPPE
2 PRISEN SALZ
2 PRISEN WEISSER
PFEFFER

ZUBEREITUNG

Das Risotto ist in zwanzig Minuten fertig. In diesen zwanzig Minuten muß man sich ihm aber voll widmen, weshalb es sich empfiehlt, alle Zutaten vorzubereiten („Mise en place", an den Platz legen, wie es im Küchenfranzösisch so schön heißt). Die Hälfte der Butter in einem Topf schmelzen lassen. Der Topf sollte keinesfalls zu klein

sein – denn der Reis wird das Drei- bis Vierfache seines Volumens erreichen. In die Butter den Reis und ein paar getrocknete Steinpilze geben und unter ständigem Rühren mit einem großen Kochlöffel oder einer Holzkelle heiß werden lassen. Mit dem Wein ablöschen. Dann nach und nach die Suppe dazugießen – aber immer nur einen oder zwei Schöpfer. Der Reis soll auf diese Weise nach und nach kochen.

Die sportliche Kondition sollte also für zwanzig Minuten heftigen Rührens ausreichen. Das ist notwendig, weil der Risotto-Reis eine besondere Vorliebe für das Anbrennen hat. Gleichzeitig muß man es aber auch schaffen, in einer anderen Pfanne die restliche Butter heiß werden zu lassen. In die heiße Butter legt man die in Scheiben geschnittenen frischen (oder eben tiefgekühlten) Steinpilze sowie eine Knoblauchzehe im ganzen. Die Pilze sollen anrösten, bis sie schön braun und fast knusprig sind – das dauert etwa zehn Minuten. Die Pilze erst am Ende salzen, weil sie sonst zuviel Wasser lassen und zu weich werden. Wenn der Reis nach etwa zwanzig Minuten dickflüssig und

den-
noch
kernig
(„al dente")
ist, fügt man
noch einen Schluck
Obers (Sahne) hinzu – dadurch
wird er besonders cremig. Vom
Feuer nehmen, noch fünf Minuten
ziehen lassen und dann auf vorgewärmten Tellern anrichten. Nun
kommen noch die gebratenen
Steinpilze darauf.

NOCH ZWEI HINWEISE:
– Parmesan, der sonst in jedes Risotto
gehört, paßt übrigens nicht zu dieser

Speise.
In Italien
gilt das unge-
schriebene, aber
sowohl für Risotti als auch
für Pasta gültige Gesetz: Zu Fisch und
Pilzen niemals Parmesan!

– Man kann dieses Risotto in vielen
Variationen machen: Statt Steinpilzen
eignen sich zum Beispiel Zucchini sehr
gut, die den ganzen Sommer über er-
hältlich sind. In diesem Fall würde
ich empfehlen, Olivenöl statt Butter
sowie ein paar Knoblauchzehen mehr
zum Anbraten zu verwenden.

117

Die Reis-schwangere Göttin

Reis ist eine der ältesten Kulturpflanzen der Welt. In Nordthailand wurde der Reisanbau in der Siedlungsstätte Non Nok Tha schon im Jahre 3500 vor Christus betrieben. Die zweitälteste Fundstätte liegt in China, wo auch heute die wichtigsten Reisanbaugebiete der Welt liegen. Reis dient mehr als der Hälfte aller Menschen als Grundnahrungsmittel. Neben weißem Reis gibt es auch gelbkörnige, schwarze und rote Sorten.

Reis spielt in den Mythen vieler Länder noch heute eine entscheidende Rolle, zum Beispiel in Thailand, wie Ramesh Kumar Biswas berichtet: „Jedes einzelne Reiskorn trägt die Seele der Muttergöttin in sich und ist so selbst lebendiges Wesen. Wenn die Reisähren auf den Feldern blühen, geht die Muttergöttin schwanger und ihre, für diesen Zustand bekannt außergewöhnlichen Bedürfnisse werden mit duftendem Pulver und Zitrusfrüchten gestillt, die auf die Felder gestreut werden. Ist die Zeit gekommen, werden ihre Kinder – die Reiskörner – sorgsam geerntet. Eine Handvoll Körner wird zurückbehalten und aufbewahrt – sie verkörpern die Reis-Seele, die im darauf-folgenden Jahr die Felder befruchten wird. Um ihre Gefühle nicht zu verletzen, wird Reis stets außerhalb der Sichtweite der Felder zubereitet."

Symbol der

FRUCHTBARKEIT

Der Reisanbau ist mühsam. Er findet meist in sumpfigen Gebieten statt, weil der Reis viel Wasser braucht. Von entscheidender Bedeutung ist die Verarbeitung des Reises. Jeder Reis muß zunächst einmal enthülst werden – einen reinen „Naturreis" gibt es also gar nicht. Nach dem ersten Schälen erhält man den braunen Reis, dessen ganze Körner bei uns meist als Vollreis gehandelt werden. Üblicherweise werden die Reiskörner aber in riesigen Mühlen geschliffen, wodurch der vitamin- und geschmacklose polierte Reis entsteht. Noch schlimmer ist da nur der sogenannte „Minutenreis", der schon vorgekocht und wieder getrocknet wurde. Naturreis schmeckt sicher am intensivsten. Wer ihn nicht mag, der sollte auf „Parboiled Reis" zurückgreifen: Dieser wird in der Schale eingeweicht, getrocknet und erst dann geschält. Durch diese Behandlung kommen wichtige Inhaltsstoffe wie Zink oder Vitamine (vor allem Vitamin B1) in das Innere des Reiskorns, wo sie erhalten bleiben.

Reis ist ein uraltes Fruchtbarkeitssymbol, wie das Bewerfen des Brautpaares bei Hochzeiten zeigt. Auch gesundheitlich gesehen bringt Reis Glück, denn er hat eine nachgewiesene positive Wirkung auf die Tätigkeit des Darmes, der Nieren und des Herzens.

Der italienische Risotto-Reis ist weitgehend naturbelassen: Bei ihm sind die Silberhaut und damit die Mineralien und die Vitamine erhalten. Durch das Silberhäutchen erhält das Risotto die cremige und dennoch kernige Konsistenz.

Risotto wird vor allem im Piemont und in der Lombardei weit öfter gegessen als Teigwaren. Kein Wunder, wächst doch alleine in der Po-Ebene soviel Reis, daß Italien zu den Reis-Exportländern zählt! Allerdings kannten die Venezianer, die schon im Mittelalter eifrigen Handel mit dem Orient pflegten, den Reis schon viel früher als die Lombarden. Dennoch: Die unangefochtene Risotto-Hauptstadt ist Mailand mit seinem berühmten Risotto alla milanese, das seine schöne, gelbe Farbe dem Safran verdankt.

Obwohl Risotto immer als eigene Speise gegessen wird, mögen es die Mailänder auch gerne als Zuspeise zu Ossobuco, einer mit Gemüsen geschmorten Kalbshaxe. Das hat den als arbeitseifrig geltenden Mailändern den Ruf eingebracht, auf Kosten des Lebensgenusses Zeit einzusparen, weil sie eine Vor- und eine Hauptspeise gleichzeitig essen. Wahrlich, ein Sakrileg in Italien.

Herbst

Rezepte durch vier Jahreszeiten

Herbst: Es ist Zeit

Wer kennt es nicht, dieses Gefühl?
Man tritt in der Früh aus dem Haus und spürt, daß die Luft sich anders
anfühlt, anders riecht. Die ersten Blätter tanzen zu Boden und die Vögel,
solcherart enttarnt, singen um eine Spur leiser.
Jetzt ist es soweit ... der Sommer ist vorbei. Rainer Maria Rilke hat dieses
Gefühl in seinem Gedicht „Herbsttag" beschrieben:

„Herr: es ist Zeit. Der Sommer war sehr groß.
Leg deinen Schatten auf die Sonnenuhren,
und auf den Fluren laß die Winde los.

Befiehl den letzten Früchten voll zu sein;
gib ihnen noch zwei südlichere Tage,
dränge sie zur Vollendung hin und jage
die letzte Süße in den schweren Wein.

Wer jetzt kein Haus hat, baut sich keines mehr.
Wer jetzt allein ist, wird es lange bleiben,
wird wachen, lesen, lange Briefe schreiben
und wird in den Alleen hin und her
unruhig wandern, wenn die Blätter treiben."

Zeit der Einkehr

Im Herbst zieht sich das Leben langsam wieder ins Innere zurück. Es ist die Zeit der Vorbereitung auf einen Winter, der manchmal lang werden kann. Der Herbst ist auch jene Jahreszeit, in der unsere Vorfahren die letzten Früchte der Natur für den Winter haltbar gemacht haben. Konservieren und Einlegen sind heute ziemlich aus der Mode gekommen. Tiefkühltruhe und Supermarkt sorgen das ganze Jahr über für Hochsommer. Die „Globalisierung des Essens" hat sicher auch ihre guten Seiten. Und dennoch zweifeln immer mehr Menschen daran, ob sie tatsächlich mitten im Dezember frische Erdbeeren oder grünen Spargel essen wollen. Der Überfluß hat mittlerweile bei vielen zu einem Überdruß geführt. Die Kunst des Einlegens von Obst und Gemüse oder des Verdichtens von Früchten und Zucker zu Marmelade wird wieder geschätzt.

Das Herstellen von ganz persönlichen und garantiert natürlichen „Konserven" erweist sich als gar nicht so schwierig, wenn man es nur probiert. Außerdem schärft es den Blick für die Jahresabläufe: Wer im Winter die Freuden eines hübschen Regals voll Gelees, Säften, Kräuterweinen, Marmeladen und Eingesottenem genießen will, muß darauf achten, was wann reif ist, um den richtigen Zeitpunkt für das Konservieren zu erkennen.

Unsere ersten Erfahrungen haben wir mit Pilzen gesammelt. In guten Jahren gibt es so viele dieser geheimnisvollen Gewächse, daß es beim besten Willen nicht möglich ist, sie alle gleich frisch zu verspeisen. Pilze sind übrigens bekömmlicher, als ihr Ruf vermuten läßt: „Schwer" werden sie nur dann, wenn man sie mit zuviel Fett kocht, das die Schwämme in jede einzelne Pore aufnehmen, aber eben nur scheinbar zum Verschwinden bringen.

Früchte des Urzeitmeers?

Pilze sind eigenartige Geschöpfe. In unserer Runde von Kochfreunden haben wir oft Vermutungen über Herkunft, Entstehung und Wachstum dieser Pflanzen diskutiert. Wir sind zu der natürlich unbeweisbaren Theorie gekommen, daß Pilze die letzten noch existierenden Lebewesen aus jener Zeit sind, da die Ozeane die Erde bedeckten. Das würde jedenfalls erklären, warum manche Pilze den Korallen oder anderen Unterwasserpflanzen gleichen.

Die Schopftintlinge, die im September auf Wiesen und an Waldrändern wachsen, sehen aus wie Tintenfische. Wenn sie älter werden, lösen sich diese weißen, eleganten Pilze in schwarze Tinte auf. Junge Schopftintlinge, nur in Butter und mit ein bißchen Knoblauch gebraten, schmecken sogar ganz leicht nach Tintenfisch.

Auch die Mineralstoffe und Spurenelemente des Meerwassers sind in den Pilzen verdichtet. Sie enthalten neben Selen und Eisen auch Kalium, das für den Zellstoffwechsel sehr wichtig ist. In China gelten Pilze als heilig. Man sagt, daß sie nur dort wachsen, wo sich das Gefüge von Staat und Gesellschaft in Ordnung befindet.

Sehr viele Pilze eignen sich zum Einlegen: Champignons, Steinpilze, Täublinge, Reizker, Birkenpilze, Rotkappen ... Manchen Pilzen sieht man dagegen an, daß sie beim Einlegen zerfallen würden: Parasole oder Schopftintlinge zum Beispiel sollte man lieber frisch genießen. Ganz besonders gut schmecken eingelegte Eierschwammerln (Pfifferlinge). Der nahezu unverwechselbare gelbe Pilz wächst zwischen Juni und November an moosigen Stellen im Wald. (Außerdem findet man ihn auf Märkten und in Gemüsegeschäften ...) Der Geschmack des Eierschwammerls wird in einer feinen Essigmarinade immer intensiver.

Ein Glas mit eingelegten Pilzen kann eine kalte Platte zu einem echten Festmahl machen. Das folgende Rezept haben wir in verschiedenen Variationen ausprobiert. Es eignet sich für viele Pilzarten.

Eierschwammerln in Essig eingelegt

EIN TRAUM IN GELB

EINMACHGLÄSER

Es gibt verschiedene Arten von Einmachgläsern. Wir sam-
meln das ganze Jahr
über alle luftdicht ab-
schließenden Gläser
(zum Beispiel Marmelade-
gläser mit Schraubverschluß)
und verwenden sie
zum Einlegen. Es hat
sich als ratsam erwie-
sen, kleine Gläser zu
verwenden, weil
man den Inhalt
nach dem Öff-
nen schnell auf-
brauchen sollte.
Die sauberen Gläser
werden mit sehr heißem
Wasser ausgewaschen
und auf ein sauberes
Tuch gestellt.
Der Topf, den man
zum Einkochen verwen-
det, sollte ganz sauber sein.

Z U B E R E I T U N G

Die Eierschwammerln werden geputzt, gewaschen und, falls große Exemplare darunter sind, halbiert oder geviertelt. Die Pilze werden dann blanchiert, das heißt, ein bis zwei Minuten lang in leicht gesalzenem Wasser abgekocht. Danach werden die Pilze abgeseiht und mit kaltem Wasser abgeschreckt: Dadurch verfärben sie sich nicht, sondern behalten ihre schöne, gelbe Farbe. Die geschälte Zwiebel wird in feine Ringe geschnitten. Nun werden abwechselnd Zwiebelringe und Pilze in das Glas gefüllt – ungefähr im Verhältnis 1 (Zwiebel):6 (Pilze).
Einen Teil Essig mit einem Teil Wasser aufkochen. Eine Prise Zucker, eine Prise Salz und die Gewürze beigeben. Bei Pilzen mit weniger Eigengeschmack, zum Beispiel Täublingen, kann man außer Pfefferkörnern und Lorbeerblatt auch Neugewürz (Piment) und ein paar Gewürznelken, ein

Zweigchen Estragon oder einige Wacholderbeeren hinzufügen. (Zum Einlegen sollte man nur Gewürze in ganzen Stücken verwenden. Gemahlene Gewürze machen den Essig unansehnlich trüb.) Die kochende Marinade wird über die Pilze gegossen, bis diese ganz bedeckt sind. Nach dem Abkühlen öffnet man die Gläser und bedeckt die oberste Schicht vollständig mit Olivenöl. Durch diesen Trick kann kein Sauerstoff mehr zu den Pilzen gelangen, wodurch sie lange haltbar bleiben.

NOCH ZWEI HINWEISE:
– Seit wir wissen, daß wir uns das Einlegedatum tatsächlich nicht merken können, schreiben wir es auf das Glas.
– Man sollte die fein in Essig eingelegten Köstlichkeiten niemals mit Metallbesteck aus den Gläsern holen (das gilt zum Beispiel auch für Essiggurken!). Durch den Kontakt mit dem Metall wird das Eingelegte nämlich lasch und verliert seine Knackigkeit. Deshalb verwenden die Händler an den Marktständen auch immer Holzzangen oder -gabeln!

Z·U·T·A·T·E·N
(für 2 Gläser)

1/2 KG.
EIERSCHWAMMERLN
(PFIFFERLINGE)
1 ZWIEBEL
10 PFEFFERKÖRNER
1/2 TEELÖFFEL SALZ
1 TEELÖFFEL ZUCKER
2 LORBEERBLÄTTER
4 ESSLÖFFEL OLIVENÖL
1/4 LITER
WEIN- ODER APFELESSIG
1/4 LITER WASSER

Wichtig ist, daß der Essig nicht zuviel Eigengeschmack hat, damit er das Aroma der Pilze nicht zudeckt.

Während wir die ersten Gläser mit eingelegten Pilzen in ein Regal an einen dunklen, kühlen Ort stellen, fallen uns ebendort ein paar Gläser mit kleinen, roten Früchten auf.

Denn der Herbst ist auch jene Zeit, in der wir die ersten Gläser mit „Eingemachtem" gerne feierlich öffnen. Weichseln zum Beispiel haben wir schon im Sommer eingelegt – und zwar ebenfalls in Essig!

Das Rezept stammt aus der Tradition der süß-sauer-scharfen „Pickles", die in England sehr geschätzt werden. Davon abgesehen stammt es von lieben Freunden, die auf ihrem Hof im Waldviertel gerne Gäste bewirten. Und zu dieser Bewirtung gehören jedesmal die Essigweichseln, eine Speise, die vielleicht kurios klingt, aber umso aufregender schmeckt.

Z U B E R E I T U N G

Schöne, reife Weichseln in ein Einsiedeglas geben, mit Zucker so bestreuen, daß die obere Schicht der Weichseln bedeckt ist.

Apfelessig und Wasser zu gleichen Teilen gemeinsam mit den Zimtstangen, den Nelken und den Pfefferkörnern aufkochen lassen.

In das Einsiedeglas gießen, so daß die Weichseln ganz bedeckt sind. Verschließen.

Nun gehört das Glas eine Woche lang an einen sonnigen Platz. Die Früchte im Glas „reifen" dadurch nach und geben ihren Geschmack an den Essig ab. Außerdem sagt man, daß der Essig das Sonnenlicht in sich zu speichern vermag. So kann man ein bißchen Sonnenessenz auch für die dunkle Jahreszeit einfangen ...

Nach einer Woche das Essigwasser in einen Topf abgießen, neuerlich aufkochen lassen, neuerlich die Weichseln im Glas ganz damit bedecken. Das Glas nun fest verschließen und an einen möglichst kühlen, dunklen und trockenen Ort stellen.

Das Rezept ist sehr einfach. Durch den Essig, der schon von selbst konserviert, braucht man auch keine allzu große Erfahrung beim Einlegen: Die Essigweichseln werden halten. Sie können eigentlich immer serviert werden: als Beilage zu kalten Platten, zu Käse, zu Nachspeisen.

Ich möchte übrigens nicht verschweigen, daß dieses Gericht gelegentlich polarisiert. Manche Menschen sind richtiggehend entsetzt über die Mischung aus süß, scharf und sauer. Die anderen aber – sieht man ständig in den Weichseltopf greifen.

SONNE FÜR
DIE DUNKLEN TAGE
Essigweichseln

Z·U·T·A·T·E·N
(Zutaten für drei Gläser)

1/2 KG. WEICHSELN
4 ESSLÖFFEL ZUCKER
1/2 LITER WEIN- ODER
APFELESSIG
2 ZIMTSTANGEN
10 NELKEN (GANZ)
10 PFEFFERKÖRNER
(SCHWARZ, GANZ)

Die Birne galt seit jeher als Symbol der Weiblichkeit. Im alten Griechenland war sie der Göttin Hera geweiht, der einzigen, die dem Götterkönig Zeus an Macht und Stärke in nichts nachstand.

Z U B E R E I T U N G

Z·U·T·A·T·E·N

(für 2 Gläser)

4 FESTE BIRNEN
10 PFEFFERKÖRNER
1 VANILLESCHOTE
7 GEWÜRZNELKEN
1 ZIMTSTANGE
3/4 LITER ROTWEIN
2 ESSLÖFFEL
KANDISZUCKER

Die Vanilleschote der Länge nach aufschneiden, damit das aromatische Vanillemark entweichen kann. Den Rotwein mit allen Gewürzen und dem Zucker zum Köcheln bringen. Die Birnen schälen, vierteln und entkernen. Die Birnenstücke in den Rotwein legen und etwa 20 Minuten bei nicht zu großer Hitze köcheln lassen.

Die Birnen sollten danach 12 Stunden lang ziehen. Kalt serviert, mit dem Rotwein als Sauce, sind sie eine bekömmliche und ungewöhnliche Nachspeise.

Natürlich kann man die Birnen auch in ein Einmachglas geben, den Rotwein noch einmal zum Kochen bringen und die Birnen damit übergießen. Im Kühlschrank können die solcherart eingemachten Birnen leicht eine Woche lang stehen bleiben, wobei sie noch an Schmackhaftigkeit gewinnen. Um die Birnen in Rotwein und Pfeffer richtig haltbar zu machen, muß man sie mit dem Rotwein in ein Einmachglas (am besten ein klassisches „Rexglas" oder „Weckglas" mit Gummiverschluß) füllen und etwa 20 Minuten lang im heißen Wasserbad stehen lassen. Dadurch dehnt sich die Luft im Inneren des Glases stark aus, was bewirkt, daß beim anschließenden langsamen Abkühlen ein Vakuum entsteht, das die Haltbarkeit der Konserve garantiert. (Nach dem Abkühlen versucht man am besten, das Glas am Deckel anzuheben. Wenn der Deckel hält, dann hat die Sache mit dem Vakuum geklappt.)

U N T E R   D A U N E N

Bei oberösterreichischen Bauern habe ich gesehen, daß sie die noch heißen Einmachgläser auf die Ofenbank stellen und mit einer Tuchent (Daunendecke) zudecken. Dieser merkwürdige Brauch hat nicht etwa eine kultische Bedeutung – er bewirkt aber, daß die Gläser besonders langsam abkühlen, was die Haltbarkeit zusätzlich erhöhen soll.

Birnen in Rotwein mit Pfeffer

Powidl

ZWETSCHKEN, VERDICHTET

Zu den schönsten Farben des Frühherbstes zählt das Blau der reifen Zwetschken (oder Pflaumen). Man kann die Zwetschken wie die meisten anderen Früchte zu Kompott oder Marmelade verarbeiten. Die berühmteste Art der Konservierung stellt aber zweifellos der „Powidl" dar, ein Zwetschkenmus, das ohne weitere Zutaten auskommt und nur aus „verdichteten" Früchten besteht.

ZUBEREITUNG

Die Zwetschken entkernen, in kleine Stücke schneiden und in einem Topf auf kleiner Flamme mindestens sechs Stunden lang einkochen lassen, wobei man freilich ziemlich oft umrühren muß. Der Powidl ist dann fertig, wenn auch die Zwetschkenschalen nicht mehr erkennbar sind und das Mus zu einer festen, gleichförmigen Masse geworden ist.

Den fertigen Powidl in saubere, heiß ausgespülte Einmachgläser geben und den Deckel fest verschließen.

Früher wurde der Powidl in irdenen Töpfen aufbewahrt, die mit einer Schicht Schweineschmalz bedeckt wurden, um sie luftdicht zu machen.

In Anna Dorns legendärem „Neuestem Universal- oder: Großem Wiener Kochbuch" aus dem Jahr 1827 heißt es zur Kunst des Powidlmachens außerdem: „Auch pflegen einige grüne Nußschalen mitzukochen, wovon es indeß nur eine schwärzere Farbe bekömmt. Wenn es nun recht gut und steif gekocht ist, bekömmt es eine harte Haut, die den Zugang aller Luft abhält, wodurch es sich dann mehrere Jahre hält. Dergleichen Muße kann man auch von Kirschen, Äpfeln, Birnen und mancherley Früchten, Hollunder- und anderen Beeren auf ähnliche Art, in kleinen Kesseln oder Töpfchen kochen."

Die Zubereitung des Powidls erfordert einige Zeit und Aufmerksamkeit. Dafür erhält man am Ende ein außergewöhnliches Fruchtkonzentrat, das sich sowohl als Brotaufstrich als auch zum Füllen von Teigtaschen oder Germknödeln eignet.

Z·U·T·A·T·E·N

ZWETSCHKEN
(PFLAUMEN)
IN BELIEBIGER MENGE

133

Eddas Appelstroop

Appelstroop ist eine ziemlich eigenartige holländische Marmelade. Oder eher so eine Art dunkles Fruchtgelee. Oder vielleicht doch ein Sirup? Es ist schwer, unvergleichliche Dinge zu vergleichen.
Appelstroop ist einfach Appelstroop.
Und aus.
Holländische Freunde haben uns unseren ersten Appelstroop mitgebracht, und seitdem basteln wir an der Rekonstruktion dieses Rezepts. Uns ist die Nachahmung von Konsistenz und Geschmack nicht gelungen. Aber Edda, die „Königin der Marmeladen", hat es geschafft. Ihr Geheimnis: Ein Obstentsafter; wohlschmeckende, naturbelassene Äpfel, am besten vom Bauern; und die entscheidenden 2 Sekunden beim Karamelisieren.

Z·U·T·A·T·E·N
(für 4 Gläser)

800 ML. FRISCH
GEPRESSTER APFELSAFT
(AUS ETWA
10 GROSSEN ÄPFELN)
1 KG. GELIERZUCKER
200 G. KRISTALLZUCKER

ZUBEREITUNG

Die Äpfel waschen, vierteln, Gehäuse entfernen. Mit der Schale in den Entsafter geben. Den Saft (800 ml) mit dem Gelierzucker 4 Minuten lang kochen lassen. Den entstehenden Schaum abschöpfen, die Masse danach warm stellen. Nun in einem anderen Topf 200 Gramm normalen Kristallzucker unter ständigem Rühren schmelzen lassen, bis er ganz flüssig ist und kocht. Das wichtigste: Diese kochende Masse beginnt plötzlich zu schäumen, und ein starker Karamelgeruch steigt einem in die Nase. Dann muß man dem dunkelbraunen und flüssigen Sirup noch 2 Sekunden geben.

Anschließend vom Feuer nehmen und vorsichtig unter ständigem Rühren unter die Apfel-Zucker-Masse mischen.

In saubere, heiß ausgespülte Konservengläser füllen und heiß verschließen. Schon wenige Stunden später kann man den Appelstroop auf einem schönen Stück Schwarzbrot mit viel Butter genießen.

134

Noch ein Spezialtip von Edda: Der Löffel, mit dem man den Zucker beim Karamelisieren umrührt, schreit geradezu danach, abgeschleckt zu werden. Allerdings schreit man selbst auch, wenn man den Löffel tatsächlich abschleckt, weil der flüssige Zucker entsetzlich heiß ist. Also: Vorsicht!!

FUNDSTÜCKE

Die einzige echte Schwierigkeit, die sich nach unserer Erfahrung mit diesen selbstgemachten Wintervorräten ergibt, ist, wenigstens ein paar Tage lang der Versuchung zu widerstehen, sie aufzuessen. Das ist zwar schwer, aber ratsam, denn zum Beispiel die Weichseln, die Pilze und die Birnen „reifen" im Glas nach und werden immer schmackhafter.
Ein Wort noch zur Haltbarkeit: Als ich vor einigen Jahren einem Freund dabei geholfen habe, das Haus seiner im hohen Alter verstorbenen Großtante aufzuräumen, fanden wir im Keller ein von der seligen Tante selbst eingelegtes Glas Kirschenkompott. In einer Pause setzten wir uns auf zwei Kartons und aßen es auf. Es war köstlich und schmeck-

te unglaublich intensiv. Als wir das Glas vom Staub befreiten und näher untersuchten, entdeckten wir, daß wir soeben eine dreißig Jahre alte Konserve gegessen hatten – Jahrgangskirschen von 1964. Natürlich ist es Unsinn, Eingemachtes so lange aufzuheben. Außerdem schmeckt Eingelegtes nur in der kalten Jahreszeit wirklich gut.
Wir haben es uns zur Regel gemacht, etwas nur so lange einzulagern, bis es in der Natur wieder frisch verfügbar ist. Das letzte Glas Powidl also spätestens dann zu essen, wenn die ersten Zwetschken reif werden.
Daraus ist richtiggehend eine Art persönlicher Aberglauben geworden: Die letzten Pilze müssen demnach aufgebraucht sein, damit die nächsten nachwachsen können ...

Wenn der Kürbis mürb is'

Es existieren mehrere hundert Arten von Kürbissen. Die größten darunter, die auf den lateinischen Namen cucurbita maxima hören, erreichen ein Gewicht von bis zu 100 Kilogramm.

KULT-GEMÜSE

Der Kürbis ist eine ganz besondere Frucht. Vermutlich wegen seiner vielen Kerne und wegen seines geradezu rasanten Wachstums galt er stets als Fruchtbarkeitssymbol. Der Kürbis wurde in Südamerika ebenso verehrt wie in Afrika und in China. Aus seinen ausgehöhlten und getrockneten Schalen wurden Kultgefäße hergestellt. Und die Amerikaner basteln heute noch anläßlich des Halloween-Festes Masken und Laternen aus ausgehöhlten Kürbissen. Je nach Aussehen der Frucht sind die Masken bald schrecklich, bald grotesk, bald heiter.

Kürbisse sind nicht nur in ihren Formen, sondern auch in ihrer Wirkung auf den Körper faszinierend. Sie saugen Darmgifte an und regulieren die Verdauung. Durch ihren hohen Anteil an Karotin stärken sie das Immunsystem. Die Kürbiskerne gelten vor allem für Männer als Gesundheitselixier. Angeblich leiden die Männer in den Balkanländern, die regelmäßig geröstete Kürbiskerne kauen, so gut wie nie an Prostataproblemen.

„SCHWARZES GOLD"

Eine ähnliche Heilwirkung wird dem dunklen Kürbiskernöl zugeschrieben. Aus unzähligen, händisch geernteten und nach uralten Regeln gerösteten Kernen einer besonderen Kürbisart wird ein schwarz aussehendes, in Wahrheit aber dunkeldunkelgrünes Öl gewonnen, das als „schwarzes Gold" und als Lebensessenz der Steirer gilt. Tatsächlich ist dieses Öl mit dem eigenwilligen Geschmack ein hochwertiger Lieferant von mehrfach ungesättigten Fettsäuren. Diese spielen eine wichtige Rolle im Stoffwechsel und werden vom Körper dringend benötigt. Kernöl enthält außerdem viel Vitamin E und andere Substanzen, die die Zellen schützen.

Kürbisse haben auch in der Küche sehr unterschiedliche Eigenschaften. Sofern man sie nicht selbst anbaut und sich ohnehin auskennt, fragt man am besten den Gemüsehändler, die Marktfrau oder den Bauern, welche Geschmacksrichtung der Kürbis aufweist.

Aus den ganz „normalen", gelblichrunden Kürbissen macht meine Mutter alle Jahre wieder ein selbsterfundenes Kürbisgemüse.
Es schmeckt so gut, daß sie im Herbst meistens überdurchschnittlich viele Gäste zu bewirten hat. Was es dann als Vor-, Haupt- oder Nachspeise gibt, bleibt nebensächlich. Hauptsache:

Kürbis-gemüse

halbe Stunde dünsten, wobei man immer wieder die Schalen der Paradeiser und Paprika entfernen kann. Wer Perfektionist ist, kann Paradeiser und Paprika auch vorher einschneiden, kurz in das heiße Backrohr legen und dann schälen.

Nun noch abschmecken – vielleicht fehlt noch Salz oder eine Prise gemahlener Paprika, der am besten in seiner süßen und in seiner scharfen Variante in dieses Gericht kommt.

Ganz zum Schluß gibt meine Mutter noch einige Prisen gehackte Dille sowie ein paar Löffel Sauerrahm in das Kürbisgemüse. Danach sollte das Kürbisgemüse nicht mehr aufkochen, da sonst der Rahm ausflockt und unansehnlich wird.

Z·U·T·A·T·E·N
(für 6-8 Personen)

2 KG. KÜRBIS
2 ZWIEBELN
6 KNOBLAUCHZEHEN
3 FRISCHE PAPRIKA
(in verschiedenen bunten Herbstfarben)
1/2 KG. FRISCHE PARADEISER (TOMATEN)
4 ESSLÖFFEL ÖL
3 TEELÖFFEL SALZ
4 ESSLÖFFEL PAPRIKA-PULVER (süß und scharf)
1 ESSLÖFFEL ZUCKER
3 ESSLÖFFEL ESSIG
1 PRISE KÜMMEL
3 ESSLÖFFEL DILLE
1/4 LITER SAUERRAHM

ZUBEREITUNG

Der Kürbis wird geschält und in Würfel geschnitten. In einem Topf die Zwiebeln mit dem Zucker in Öl anrösten. (Der Zucker hebt den Geschmack.) Den Kürbis, die entkernten, in Streifen geschnittenen frischen Paprika und die geviertelten Paradeiser hinzufügen. Mit Essig ablöschen, mit Paprikapulver bestreuen, mit Kümmel und den gehackten Knoblauchzehen würzen. Das Ganze soll eine gute

DIE SELTSAME SUPPE

INGWER UND ORANGE

Dieser Gemüseeintopf gehört sicher zum Besten, was man aus handelsüblichen Kürbissen zaubern kann. Kürbisse sind aber immer wieder für Überraschungen gut.

Wir haben einmal einen wunderschönen, ungarischen Kürbis erstanden und ihn zu einer Suppe verarbeitet. Erst als unsere Gäste bereits eingelangt waren, kosteten wir die Suppe. Sie schmeckte süß, weil wir auf dem Markt anscheinend eine süße Kürbissorte erwischt hatten. Die Suppe war – naja, sagen wir: eigenartig.

Doch die Suppe konnte „gerettet" werden. Eine Freundin erzählte uns, sie habe einmal eine süße Karottensuppe gegessen – gewürzt mit Ingwer und Orange. Wir haben also nicht lange gezögert und die Suppe mit getrocknetem, geriebenem Ingwer und der geriebenen Schale einer Bio-Orange verfeinert. Etwas fehlte noch ... vielleicht ein bißchen Schärfe? Zwei Schuß Tabasco taten das ihre. Die Suppe war gewagt – und schmeckte wunderbar.

Für das folgende Rezept benötigt man nicht unbedingt einen süßen, ungarischen Kürbis. Es wird mit jedem anderen Kürbis auch wunderbar gelingen. Auch Karotten harmonieren sehr gut mit Ingwer und Orange und eignen sich hervorragend als Basisgemüse.

Kürbiscremesuppe

ZUBEREITUNG

Die Zwiebel und den geschälten, entkernten und in Stücke geschnittenen Kürbis in der Butter anrösten. Mit Suppe (oder Wasser mit Suppenwürfel) löschen. Weichkochen (etwa eine halbe Stunde), dann im Mixer pürieren. Nun beginnt das Abschmecken: Salz, geriebene Muskatnuß, einen oder zwei Schuß Apfel- oder Weinessig, geriebenen Ingwer, geriebene Orangenschale und den Schuß Tabasco hinzufügen.
Zum Schluß noch ein paar Eßlöffel Sauerrahm unterrühren. Gut durchmischen.
Die Suppe darf jetzt nicht mehr aufkochen, weil der Sauerrahm sonst ausflockt und unansehnlich wird.

WÄRME VON INNEN

Diese Kürbiscremesuppe erwärmt durch die harmonische Kombination von Orange und Ingwer den ganzen Organismus. Sie ist deshalb besonders für kühle Herbstabende geeignet. Die Schale der Orange (man kann übrigens statt ihrer auch hochwertiges natürliches ätherisches Öl verwenden) gilt in der Naturmedizin als mildes Mittel zur Beruhigung des Herzens. Der Ingwer, eines der meistverwendeten Heilmittel in der chinesischen Medizin, wird wegen seiner Fähigkeit, von innen zu erwärmen, weithin geschätzt. Ingwer ist ein hervorragendes Heilmittel bei Erkältungen und Husten. Er hilft bei Schwindel, Übelkeit und vorbeugend gegen Seekrankheit. Er wirkt fiebersenkend und beruhigt sowohl das Herz als auch den Magen. Dem Ingwer wird nachgesagt, alle möglichen Stauungen lösen zu können, wodurch er Giftstoffe ausschwemmt und für einen gesunden Fluß von Blut und Energie sorgt.
Beim Servieren verfeinern wir die Suppe – auch optisch – noch dadurch, daß wir ein paar geröstete Kürbiskerne darüberstreuen und die Suppe mit ein paar Tropfen Kürbiskernöl beträufeln. Wenn man das Öl dann mit einer Gabel kreisförmig über die Oberfläche verteilt, sieht das besonders schön aus.

Z·U·T·A·T·E·N
(für 4-6 Personen)

1 KG. KÜRBIS
1 ZWIEBEL
1 TEELÖFFEL SALZ
3 FLOCKEN BUTTER
2 ESSLÖFFEL ZUCKER
1 PRISE MUSKAT
2 ESSLÖFFEL ESSIG
2-3 TEELÖFFEL INGWER
(FRISCH ODER
GETROCKNET)
1,5 BIS 2 LITER SUPPE
(oder Wasser
und 2 Suppenwürfel)
SCHALE EINER
BIO-ORANGE
1 SCHUSS TABASCO
4 ESSLÖFFEL SAUERRAHM

Spaghetti-Kürbis

DAS NUDELGEMÜSE

Wachsen Spaghetti auf Bäumen?
Nein, sie wachsen auf dem Boden
und werden aus dem Inneren einer
länglichen, hellgelben Kürbissorte gewonnen. Das stimmt wirklich. Der
Spaghetti-Kürbis gehört zu den ältesten Sorten dieses Gemüses. Durch
die allmähliche Wiederentdeckung traditioneller Züchtungen ist auch er zu
neuen Ehren gelangt. In der Kürbis-
zeit, im Frühherbst, findet man auf
Märkten und bei Bauern immer öfter
auch den Spaghetti-Kürbis. Wer einen
Garten hat, kann auch selbst probie-
ren, ihn anzupflanzen – am besten am
Rande des Gemüsebeets. Der Spaghetti-Kürbis wächst wie Unkraut und
neigt dazu, sich gewaltig auszubreiten,
wobei er auch vor Klettertouren keineswegs zurückschreckt. Das Schöne
dabei ist, daß man einige der Kürbis-
früchte, die sich im Komposthaufen
verstecken oder unauffällig in Hecken
hängen, erst dann findet, wenn die
anderen Pflanzen bereits abgewelkt
sind.

142

ZUBEREITUNG

Den Spaghettikürbis ungeschält im ganzen in ungesalzenem Wasser etwa eine halbe Stunde lang kochen, herausnehmen und dann auskühlen lassen. Inzwischen die Sauce zubereiten: Die geschälten und gehackten Knoblauchzehen mit der Chilischote kurz in Olivenöl anrösten. Die Tomaten einschneiden, kurz in heißes Wasser legen, schälen, vierteln, in die Pfanne geben und etwa 15 Minuten lang bei kleiner Flamme einkochen lassen. Den ausgekühlten Kürbis der Länge nach aufschneiden. Die Kerne entfernen. Nun mit einem Löffel das Fruchtfleisch aus der Schale schälen. Dieses Fruchtfleisch, das aus langen, dünnen, spaghettiartigen Fäden besteht, in die Tomatensauce geben und noch etwa zehn Minuten lang köcheln lassen. Zum Schluß mit dem Petersil bestreuen.

Dieses Kürbisgemüse der besonderen Art kann man pur essen, als Zuspeise zu Fleischgerichten servieren oder – was wir am liebsten machen – als Sugo mit Nudelgerichten kombinieren. Am besten eignen sich Spaghetti, weil sie in Form und Geschmack ideal zum Spaghettikürbis passen.

Z·U·T·A·T·E·N

1 SPAGHETTIKÜRBIS
5 KNOBLAUCHZEHEN
1/2 KG. PARADEISER
(TOMATEN)
4 ESSLÖFFEL OLIVENÖL
1 CHILISCHOTE
1-2 TEELÖFFEL SALZ
2 PRISEN PETERSIL
(PETERSILIE)

143

Ein ganz besonderes Fest ist Martini, der 11. November. An diesem Tag wird traditionell eine Gans verspeist. Es gibt verschiedene Theorien, wie dieser Brauch entstanden sein könnte.

Die gängigste, zumindest im christlichen Raum, ist jene, wonach der heilige Martin sich in einem Gänsestall versteckt habe, um der Weihe zum Bischof zu entgehen. Dem demütigen Mann schien das hohe Amt zuviel der Ehre – vielleicht wollte er auch einfach sein gewohntes Leben als Mönch nicht aufgeben. Jedenfalls verrieten ihn die Gänse durch ihr Geschnatter – und Martin wurde im Jahr 371 zum Bischof von Tours geweiht. Womit allerdings auch noch nicht geklärt ist, warum wir uns heute noch immer an den Gänsen rächen.

Dann gibt es noch jene Geschichte, wonach die Gänse auf dem römischen Kapitol durch ihr Geschnatter den Angriff der Gallier verraten haben sollen, weshalb diese ein großangelegtes Schlachtopfer veranstalteten.

EIN KÖNIGLICHES TIER

Ich glaube, die wahre Entstehungsgeschichte des Martiniganslessens ist viel einfacher: Spätestens ab November konnte sich das Geflügel nicht mehr im Freien selbständig ernähren. Es in den Stall zu sperren, bedeutete auch, es durchfüttern zu müssen. Und deshalb überlebten von der Gänseschar eben nur

einige Exemplare den Wintereinbruch … Die Vielzahl der Legenden beweist jedenfalls, daß die Gans schon seit jeher als besonderes Tier anerkannt wurde. Als Opfer brachte man sie Pharaonen, Königen und Hohepriestern dar – ein Brauch, der noch heute so manchen Politiker in Verlegenheit bringt, wenn die Landesorganisationen mit lebenden Gänsen als Geschenk anrücken. Wie auch immer: Das Martini-Fest bildet seit Jahren den Mittelpunkt der Zusammenkünfte mit unseren Koch-Freunden.

DER WEG IST DAS ZIEL

Rund um den 11. November treffen wir einander und zelebrieren unseren Gänseschmaus – wobei ich nicht weiß, ob die Vorbereitung der eigentliche Höhepunkt ist oder das Essen selbst. In unserer Runde gilt jedenfalls der alte Grundsatz: Der Weg ist das Ziel. Dementsprechend genüßlich gestaltet sich auch das „Vorspiel". Alle sitzen rund um den großen Küchentisch, genießen ihr „Kochachtel" und besprechen Rezepte im besonderen und das Leben im allgemeinen. Unterdessen wird gekocht. Zunächst kümmern wir uns um das Rotkraut (Rotkohl). Alles entscheidend beim Rotkraut ist, daß es „feinnudelig" geschnitten wird – so steht es im altehrwürdigen Sacher-Kochbuch geschrieben. Tatsächlich haben wir im Laufe der Jahre unser ganz spezielles Rotkraut entwickelt. Und selbstverständlich ist es jedes Jahr noch um eine Spur besser …

144

Ein „Gans" besonderes Fest

Z·U·T·A·T·E·N

ROTKRAUT (ROTKOHL)
(1 Kopf für ca. 4 Personen)
2 ÄPFEL
1 ZWIEBEL
2 TEELÖFFEL KÜMMEL
1 PRISE ZIMT (gemahlen)
7 GEWÜRZNELKEN
2 TEELÖFFEL SALZ
2 PRISEN PFEFFER
DER SAFT EINER
ZITRONE
4 ESSLÖFFEL ÖL
4 ESSLÖFFEL ZUCKER
3 ESSLÖFFEL ESSIG
2/8 ROTWEIN
4 ESSLÖFFEL
PREISELBEERKOMPOTT

Das Rotkraut halbieren, die äußere Schale und den weißen Strunk entfernen und – feinnudelig! – schneiden. Mit gerissenen Äpfeln (2 pro Rotkraut-Kopf), Kümmel (eventuell gemahlen), Salz, Pfeffer, ein paar Nelken und Zitronensaft (1 Zitrone für einen Krautkopf) gut vermischen und 1-2 Stunden marinieren lassen. Je nach Geschmack kann man auch den Saft einiger frischgepreßter Orangen hinzufügen.

Später die Zwiebeln (eine pro Krautkopf) in Schmalz oder Öl anrösten, gleichzeitig zuckern, damit sie schön braun werden.

Mit einem Spritzer Essig ablöschen und das vorbereitete Kraut hinzufügen. Mit dem Rotwein und etwas Wasser aufgießen und weichdünsten lassen. Das kann, je nachdem, wie knackig man das Kraut haben will, ein bis zwei Stunden dauern.

Zum Schluß wird das Kraut noch einmal abgeschmeckt, und zwar mit ein paar Löffeln Preiselbeerkompott, einer oder zwei Prisen Zimt, eventuell noch Salz und Zucker. Das Geheimnis besteht darin, daß das Rotkraut leicht süßlich und nach Lebkuchen duftet, ohne allerdings wie Kompott bzw. Lebkuchen zu schmecken.

Rotkraut

VIELFÄLTIGE PFLANZE

Rotkraut ist eine uralte Kulturpflanze. Es gehört zur Familie der Kohlpflanzen, weshalb es – vor allem in Deutschland – Rotkohl genannt wird. Außerdem ist es im Rohzustand nicht rot, sondern eher bläulich, weshalb es auch Blaukraut genannt wird. Die schöne, rote Farbe entsteht erst durch die Einwirkung von Säure –

deshalb ist auch das Marinieren des Krautes mit Zitronensaft so wichtig. Da sich Rotkraut roh sehr lange frisch hält, aß man es früher besonders im Herbst und im Winter gerne.

So nebenbei liefert das Rotkraut die nötigen Mengen Kalzium, Kalium, Phosphor, Eisen und Magnesium. Außerdem enthält es Flavonoide, die für den Körper sehr wichtig sind. „Flavonoide können der Krebsentstehung vorbeugen, schützen vor Pilz- und Bakterieninfektionen und können auch den Cholesterinspiegel senken", so der Wiener Sozialmediziner Prof. Dr. Michael Kunze.

Rotkraut ist sehr bekömmlich, stärkt den Magen und hat den Ruf, „gutes Blut zu machen."

147

Schützt Fuß, Magen,

Während das Rotkraut gemütlich vor sich hinköchelt, sollte die Gans schon ins Backrohr. Wir haben im Laufe der Jahre mit den Gänsen – ehrlich gesagt – unterschiedliche Erfahrungen gemacht. Die letzte war absolut hervorragend, während die des Jahres davor, zäh und trocken, schon beim Zerteilen Schwierigkeiten bereitete. Zunächst gaben wir uns selbst die Schuld für die gummiartige Konsistenz des Fleisches: Wir hatten, zugegeben, ununterbrochen das Backrohr geöffnet, um die Gans zu begießen und neugierig zu begutachten. Dadurch kühlte das Backrohr auf etwa 50 Grad ab, was nicht einmal für die Sauna genug ist, geschweige denn für einen Braten.

„NICHT ZU TROCKEN..."

Allerdings kommt es auch auf die Fleischqualität an. Eine Wirtin erzählte uns, daß sie während der Martini-Zeit nicht weniger als zwanzig Gänse ihren immer dicker werdenden Hunden und Katzen verfüttern mußte, weil das Fleisch einfach nicht weich wurde. Das hat nicht einmal etwas mit dem Alter der Gans zu tun. Dennoch sind natürlich junge Gänse vorzuziehen. Wichtig, so meinte jedenfalls meine

Großmutter, sei, daß die Gans richtig fett ist. Meine Großmutter hat ihr ganzes Leben lang fettes Fleisch bevorzugt. („Den Schweinsbraten nicht zu trocken", pflegte sie stark untertreibend zu sagen, wenn sie ein Stück Bauchfleisch wollte.) Sie wurde übrigens 92 Jahre alt. Nur eine fette Gans, meinte sie, könne richtig knusprig und saftig werden. Außerdem verfügte meine Großmutter über ein altbewährtes Hausmittel, um das üppige Gänsefett zu neutralisieren: den Beifuß.

DIE WEISHEIT

der Küchentradition

Der Beifuß, heute fast vergessen, spielte in der traditionellen Küche eine wichtige Rolle. Noch zur Jugendzeit meiner Großmutter war es undenkbar, eine Gans oder eine Ente ohne Beifuß zu braten. (Für Fleischgerichte verwendet man am besten die kugelförmigen Blütenköpfchen.) Der Name „Beifuß" entstand durch den Brauch, daß ihn Wanderer an ihre Füße banden, um nicht zu ermüden. Früher flocht man zur Sommersonnwende einen Gürtel aus Beifuß, den man am Ende der Sonnwendfei-

Haus — der Beifuß

ern symbolisch mit allen Krankheiten dem Feuer übergab. Wie sein botanischer Name „Artemisia" verrät, war er im alten Griechenland der Göttin Artemis geweiht, die mit ihrem Nymphenheer durch die Natur zog und als Spenderin des Lebens sowie als Geburtsgöttin galt.

Schon die heilige Hildegard von Bingen empfahl Beifuß, um dem Völlegefühl nach dem Verzehr von fetten Speisen vorzubeugen, denn er „wärmt den kranken Magen." Die verdauungsfördernde Wirkung des Beifußes ist mittlerweile auch wissenschaftlich erforscht: Der Beifuß, aus dem man auch einen wohlschmeckenden Tee bereiten kann, wirkt demnach ganz speziell auf die Galle, die bei der Fettverdauung eine entscheidende Rolle spielt. Wieder einmal zeigt sich hier, wie sinnvoll und weise die alten Rezepte sind.

SCHÜTZT HAUS UND HOF

Gute Gewürzhändler oder Apotheken führen gewöhnlich getrockneten Beifuß. Die lebende Pflanze ist aber nicht schwer zu erkennen, wenn man sie erst einmal kennt: Die dunkelgrünen, auf der Rückseite leicht silbrig-weiß glänzenden, spitzen Blätter, der hohe Wuchs und das Auftreten in regelrechten Kolonien charakterisieren den Beifuß. Als Verwandter des Wermutkrauts wächst er bis in den Herbst hinein an Wegrändern und auf Schutthalden. Wir haben das Glück, daß der Beifuß ganz ohne Schutthalden rund um unser Haus wächst. Nachdem die Pflanze als Gewürz keinen starken Eigengeschmack hat, sparen wir beim Würzen nicht. Und tatsächlich ist uns die Gans noch nie im Magen gelegen. Vielleicht liegt das aber auch daran, daß dem Beifuß nachgesagt wird, vor bösen Geistern und gar vor dem Teufel zu schützen: „Der Beifuß im Haus jagt den Teufel hinaus."

149

Gebratene Gans

ZUBEREITUNG

Z·U·T·A·T·E·N

(für 4-8 Personen,
je nach Größe der Gans)

1 GANS
(nicht zu trocken)
1 ZWIEBEL
1 KAROTTE
1 ODER 2 ÄPFEL
BEIFUSS
SALZ, PFEFFER

Die Gans außen und innen mit Salz, Pfeffer und Beifuß einreiben. Man kann sie auch mit ein oder zwei gewaschenen Äpfeln füllen. Die Gans – Brust nach unten! – wird in einer mit einem Zentimeter Wasser gefüllten Pfanne in das Backrohr geschoben und bei anfangs mäßiger Hitze (etwa 150 Grad) gebraten. In der Pfanne braten wir stets eine Karotte und eine Zwiebel mit, um den Saft aromatischer zu machen. Wenn die Haut ganz leicht braun wird, also nach etwa einer halben Stunde, wird diese mit einer Gabel überall leicht eingestochen. Dadurch kann das Fett entweichen – die Haut wird knusprig und resch. Die Gans regelmäßig begießen. Aber regelmäßig heißt nicht, alle 5 Minuten! Die Hitze im Backrohr darf nicht verlorengehen. Je nach Größe braucht die Gans 2 1/2 bis 4 Stunden. Wenn man mittags essen will, sollte man also nicht zögern, sie gleich nach dem Frühstück in den Ofen zu schieben. Nach der halben Bratzeit wird die Gans gewendet – sie soll nun auf dem Rücken liegen, so, daß die „schöne Seite" nach oben sieht. Gegen Ende die Temperatur erhöhen und öfter begießen, damit die Haut schön braun wird.

Ein chirurgisch begabter Freund tranchiert alljährlich unsere Martinigans zu portionsgerechten Stücken. Tatsächlich ist das nicht ganz leicht: Dazu gehört viel weniger Kraft und Gewalt als Geschick, Einfühlungsvermögen, eine möglichst dichte Schürze und vor allem eine gute Geflügelschere, wie wir aus leidvoller Erfahrung wissen ...

Während also eifrig zerteilt wird, gießt jemand anderer das reine Fett des Saftes ab, und zwar in ein Tongefäß – das Gänsefett kann zum Kochen oder als Brotaufstrich verwendet werden. Der Saft soll noch ein bißchen einkochen, wobei wir ein paar Flocken Butter hinzufügen. Nach dem Tranchieren kommt die Gans – damit das Fleisch zur Ruhe kommt – für etwa zehn Minuten in das noch warme Backrohr. Der Saft wird extra serviert.

Maroni

*Während Gans und Rotkraut
mit Hilfe des hoffentlich güti-
gen Schicksals fertiggaren,
bereiten wir, plaudernd und
Weine verkostend, ein paar
Maroni (Eßkastanien) zu.*

KRAFT FÜR

... den Winter

*Maroni oder Maronen, wie sie in
Deutschland genannt werden, stammen
aus südlichen Gegenden. Sie wachsen
gerne dort, wo der Wein wächst, und
wenn die ersten Maroni reif sind, dann
ist meistens auch schon der erste Wein
fertiggekeltert. Kastanien und Wein als
Symbole des Herbstes spielen auch eine
wichtige Rolle bei vielen alten Ernte-
dankfesten.*

*Als „Brot der Armen" spenden die nahr-
haften Eßkastanien gerade in den Monaten, in denen es allmählich kälter
wird, wichtige Nährstoffe und damit
Energie. Wie so viele andere ehemals
als „Armeleuteessen" verpönte Lebensmittel gelten die Edelkastanien mittlerweile wieder als besondere Delikatesse.*

ZUBEREITUNG

Die Maroni werden kreuzweise ein-
geschnitten und dann auf den heißen
Tischherd gelegt oder auf einem
Blech ins Backrohr geschoben. Nach
etwa 15 Minuten kann man die Haut
abschälen – ganz leicht geht das
leider nie. Nach dem Schälen werden
die Eßkastanien weichgedünstet:
Dazu die Butter mit dem Zucker zergehen lassen, Maroni kurz anrösten,
mit Suppe knapp bedecken.
Wenn man gerade keine echte Rind-
oder Gemüsesuppe bei der Hand haben
sollte, dann tut es natürlich auch
eine Suppenwürfelsuppe.
Während des Dünstens nicht zuviel
umrühren, weil man sonst Kastani-
enpüree erhält. Wenn die Maroni
weich sind, nach etwa einer halben
Stunde, sollte man sie vom Feuer nehmen, weil sie sonst leicht zerfallen.

Z·U·T·A·T·E·N
(für 6-8 Personen)

1 KG. MARONI
1/8 KG. BUTTER
SUPPE
ODER SUPPENWÜRFEL
2 ESSLÖFFEL ZUCKER

Erdäpfelknödel

Auch an die Erdäpfelknödel muß man rechtzeitig denken! Es gibt verschiedene Rezepte für Erdäpfelknödel, die sich in zwei Philosophien einteilen lassen: Mit oder ohne Grieß. Wir haben uns nach vielen Versuchen für die Variante mit Grieß entschieden:

Z·U·T·A·T·E·N
(für 12 Knödel)

1 KG. MEHLIGE
ERDÄPFEL
(KARTOFFELN)
100 G. GRIESS
300 G. MEHL
4 EIDOTTER
60 G. BUTTER
SALZ

ZUBEREITUNG

Die Erdäpfel werden gekocht, geschält, passiert und noch warm mit dem Grieß, der zerlassenen Butter, Eidotter, Mehl und Salz zu einem Teig verarbeitet. Den Teig ein bißchen ruhen lassen.
Es ist nicht nur ein sehr sinnliches, sondern auch ein sehr nützliches Vergnügen, den Teig lange und sorgfältig mit den Händen durchzuarbeiten – der Kneter oder die

Kneterin verschwindet zumeist bis über die Ellbogen in der Teigmasse. Dann werden die Knödel gerollt, wobei alle unter Beweis zu stellen versuchen, daß sie die ebenmäßigsten, rundesten und perfektesten Exemplare zu formen imstande sind.
Es empfiehlt sich, einen ganz kleinen Probeknödel zu machen und ihn in das kochende Wasser zu geben. Denn: Wie im Kleinen, so im Großen – das gilt auch für das Kochen. Wenn der kleine Knödel sozusagen funktioniert, dann wird auch der große nicht zerfallen. Zerfällt aber der kleine, dann kann man versuchen, mit etwas Grieß oder Mehl die Festigkeit des Teiges zu verbessern. Man muß dabei darauf achten, nach der Zugabe von Grieß den Teig wieder 10 Minuten rasten zu lassen, weil der Grieß erst dann in den Teig einzieht.

In den meisten Kochbüchern steht übrigens, daß die Erdäpfelknödel dann fertig sind, wenn sie an der Oberfläche schwimmen. Unsere schwimmen seit jeher bereits in dem Augenblick an der Ober-

fläche, in dem wir sie ins Wasser legen. Fertig sind sie dann, wenn der erste Knödel bei der allgemeinen Verkostung Gefallen findet. Das dauert aber sicher seine 10-15 Minuten. Die Knödel werden abgeseiht und gleich serviert.

Und dann ist es soweit. Auf die vorgewärmten Teller kommen Gans, Knödel, Rotkraut, Maroni. Ermattet, aber zufrieden nehmen wir Platz.
Ein schwerer Rotwein tut das seine dazu, die Augen leuchten und die Wangen erröten zu lassen. Wir stoßen auf die Gans an und hoffen, sie dadurch halbwegs zu versöhnen.
Und während des Essens gibt es immer nur ein Thema: Wie perfekt jeder von uns heute wieder gearbeitet hat; wie knusprig die Gans geraten ist; wie makellos die Maroni geschält sind; wie flaumig die Erdäpfelknödel; und vor allem das Rotkraut, das ist so feinnudelig geschnitten, wie es noch nie feinnudeliger geschnitten war ...

Bratäpfel

154

Als Nachspeise, wenn die Gans sich halbwegs gesetzt hat, bekommen wir Bratäpfel. Bratäpfel sind leicht zu machen – und erfreuen das eigene Herz und jenes der Gäste. Bratäpfel erinnern an die Kinderzeit, und es gibt fast niemanden, der nicht Kartoffeln, Maiskolben oder eben Äpfel – am besten in Nachbars Garten – „geerntet" und anschließend auf einem Lagerfeuer gebraten hätte.

Unsere Bratäpfel sind nur eine kleine Weiterentwicklung dieser Idee. Am besten schmecken sie natürlich, wenn man sie einfach auf einen Tischherd legt, in dem ein heimeliges Feuer brennt. Freilich gelingen sie auch in einem ganz normalen Backrohr wunderbar.

Z U B E R E I T U N G

In die Äpfel, das Gehäuse entfernend, eine trichterförmige Aushöhlung schneiden. Wenn es nicht gleich gelingt – Äpfel sind gesund! In einem Teller Zucker, Nüsse, gemahlenen Zimt, Rosinen und ein paar Tropfen Zitronensaft mischen – und zwar ganz nach Belieben. Es ist auch möglich, die Zutaten einfach auf den Tisch zu stellen, damit jeder sich seinen eigenen, maßgeschneiderten Bratapfel basteln kann. In den Trichter des Apfels gibt man schließlich die Füllung aus den nach Belieben gemischten Zutaten. Obenauf kommt

eine Butterflocke. Wer will, kann die Äpfel auch mit Gewürznelken spicken.

Die solcherart gefüllten Äpfel stellt man dann entweder auf eine mittelwarme Stelle des Tischherds, oder in einer Pfanne bei mittlerer Temperatur ins Backrohr.

Zeitangabe: Wenn die Äpfel weich sind und es im ganzen Haus wunderbar nach ihnen duftet – dann sind sie fertig! Zwanzig bis dreißig Minuten sollte man dafür schon veranschlagen. Die Bratäpfel werden warm gegessen. Wer mag, kann sie mit einem Schuß Cognac oder mit Preiselbeerkompott vollenden.

Z·U·T·A·T·E·N

ÄPFEL
(am besten rote, pausbäckige, die eventuell mit Nelken gespickt werden).

FÜR DIE FÜLLE:
BUTTER
ZIMT (GEMAHLEN)
NÜSSE, ZUCKER
ROSINEN
ZITRONENSAFT
EVENTUELL
PREISELBEEREN
ODER COGNAC

Diese Zutaten können je nach Geschmack in unterschiedlichen Mengen und Mischungsverhältnissen verwendet werden.

Die richtige Speise

Das Martini-Essen stellt nur eines der traditionellen Herbstmenüs dar. Natürlich gibt es viele andere. Es ist kein Wunder, daß gerade in der dunklen Jahreszeit so viele Feste und Feiertage zelebriert werden. Forscher haben herausgefunden, daß dies auch mit einem Sinken des Serotoninspiegels im menschlichen Körper zusammenhängt. Der Botenstoff Serotonin gilt als „Stimmungsmacher", dessen Konzentration mit dem Sonnenlicht steigt und fällt: Je dunkler die Tage werden, desto mehr geht uns der körpereigene Glücklichmacher ab. Doch der Serotoninspiegel kann auch über die Nahrung beeinflußt werden:

Zucker und Alkohol lassen ihn sprunghaft ansteigen. So ist es also zu erklären, daß wir, sobald es finster wird, die Sehnsucht nach einem Stück Schokolade oder nach einem Glas Wein verspüren. Und je kürzer die Tage werden, desto größer die Sehnsucht.

Wenn wir also, während die Tage allmählich kürzer werden, Feste feiern und genießen, geben wir einem ganz natürlichen Bedürfnis nach.

Den Körper

„EINWINTERN"

Vielen Kräutern und Gewürzen wird außer einer heilenden auch eine euphorisierende Wirkung zugesprochen. Dazu reicht es oft schon, sie nur zu riechen. Die Bratäpfel auf unserem Tischherd beispielsweise scheinen wie geschaffen dafür, den Körper auf den Winter vorzubereiten:

Da gibt es einmal den Apfel selbst. Er beschert nicht nur in der Mythologie ewige Jugend (der Apfel des Paris!) und Weisheit (der Baum, von dem Eva nascht!). Auch die Ernährungswissenschafter, etwa Jean Carper in ihrem Buch „Nahrung ist die beste Medizin", attestieren ihm Wundertätiges, etwa einen hohen Gehalt an Phenolen – das sind Substanzen, die nicht nur Viren, sondern auch die zellschädigenden sogenannten „freien Radikalen" bekämpfen. Auch der Rotwein, den die meisten Menschen lieber im Winter als im Sommer trinken, enthält in seinem Tannin solche Phenole. Ein noch

zur richtigen Zeit

wirksameres „Wundermittel" sind die Preiselbeeren: Sie enthalten nicht nur große Mengen an Vitamin C, sondern auch ein natürliches Antibiotikum, das sich in Labortests als bis zu zehnmal wirkungsvoller als synthetische Antibiotika erwies. Die Preiselbeeren werden erst im Herbst reif und mit Vorliebe zu herbstlich-winterlichen Speisen genossen. Es sieht fast so aus, als hätte uns die Natur zum richtigen Zeitpunkt ein wunderbares Gesundheitsmittel geschenkt.

ZIMT UND NELKEN

gegen Schnupfen & Co

Doch zurück zu den Gewürzen, mit denen wir unsere Bratäpfel verfeinern – Gewürze, die überhaupt in der kalten Jahreszeit viel häufiger verwendet werden als im Sommer. Aus gutem Grund: Zimt und Nelken etwa gelten als antiseptisch, schmerzlindernd und wärmend. Früher trug, wie Jean Valnet berichtet, wer es sich leisten konnte, etwas Zimt

mit sich, um sich vor ansteckenden Krankheiten zu schützen. Bei den leisesten Anzeichen einer Erkältung braute man sich einen Grog oder Glühwein, der mit Zimt und Nelken gewürzt wurde. Wegen ihrer erwärmenden Wirkung wurde den beiden exotischen Gewürzen auch eine aphrodisierende Wirkung nachgesagt.

Dieselben heilsamen Gewürze verwenden wir für unser Rotkraut, das ebenfalls eine typische Speise für die kalte Jahreszeit ist.

Die Weisheit der Natur und unserer Vorfahren hat es so eingerichtet, daß wir im Herbst und im Winter, wenn unser Organismus am anfälligsten für Störungen ist, in Form unserer traditionellen Ernährung genau das zu uns nehmen, was uns gut tut.

Olivenöl

DER GÖTTLICHE BALSAM

Der Herbst ist die Hoch-Zeit des Olivenöls: Zwischen Mitte November und Weihnachten werden die Früchte geerntet und zu dem unvergleichlichen Öl verarbeitet. Olivenöl, einst der Göttin Athene geweiht, später auch von den Christen als liturgisches Öl eingesetzt, gehört spätestens seit der Antike zur Kultur des Menschen: Die griechischen Athleten salbten sich damit; den Göttern, die damals noch den Olymp bewohnten, brachte man es in heiligen Lampen als Opfer dar; und es ist sehr wahrscheinlich, daß schon der alte Sokrates seinen Salat damit mariniert hat.

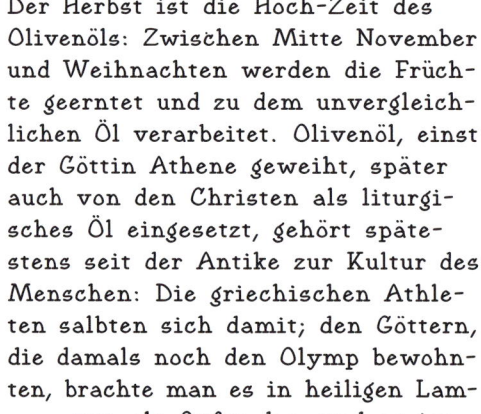

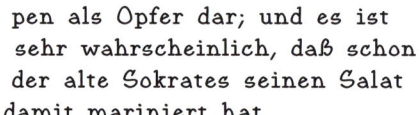

Das Olivenöl wird nicht nur in der Mittelmeerküche gerne verwendet. Auch in unseren Breiten erfreut es sich immer größerer Beliebtheit. Und das zurecht: Hochwertige Fette sind für die Körperfunktionen unerläßlich. Die Raten von Herz- und Gefäßerkrankungen sind in mediterranen Ländern deutlich niedriger als in nördlichen Gegenden. Einer der Hauptgründe: Das Olivenöl, das die Blutgefäße schützt und für eine hochwertige Zellnahrung sorgt. Olivenöl enthält außerdem den Stoff Oleuropein, dessen herzschützende Funktionen nachgewiesen wurden. Die Insel Kreta etwa, wo auch die älteste Ölpresse der Welt gefunden wurde, weist einen überdurchschnittlich hohen pro-Kopf-Verbrauch von Olivenöl auf – und gleichzeitig die niedrigste Herzinfarktrate in ganz Europa.

Besonders wertvoll wird das Olivenöl in der Küche auch dadurch, daß es durch seine einfach ungesättigten Fettsäuren beim Erhitzen im Gegensatz zu anderen Fetten und Ölen seine guten Eigenschaften behält.

Gutes Olivenöl ist also ein wahres Lebenselixier. Nur: Wie erkennt man gutes Olivenöl? Zunächst einmal gibt es eine EU-Verordnung, wonach die Flaschen nach gewissen Kriterien zu etikettieren sind. Man muß darauf achten, daß das Etikett die Bezeichnungen „Natives Olivenöl" oder „Natives Olivenöl extra" aufweist (auf italienisch „Vergine" oder „Extra vergine", auf französisch „vierge extra", auf spanisch „virgen extra"). Nativ bedeutet, daß das Öl durch rein mechanische Verfahren gewonnen wurde (Pressen, Zentrifugieren ...). Außerdem dürfen native Öle weder erhitzt, chemisch bearbeitet noch verschnitten werden.

„Extra" bezieht sich auf den Säurewert, der in der besten Kategorie („extra nativ" oder „extra vergine") nicht über einem Gramm freier Fettsäuren auf 100 Gramm Öl liegen darf. Attributen wie „kaltgepreßt" oder „erste Pressung" braucht man hingegen keine allzugroße Bedeutung zuzumessen: Beides sollte eine Selbstverständlichkeit sein.

Es gibt heute große handelsübliche Marken, die eine durchaus anständige Qualität aufweisen. Natürlich gibt es beim Olivenöl ähnliche Unterschiede wie bei Weinen – auch preislich.

Wichtig ist jedenfalls eine kräftige grüne Farbe sowie eine gewisse Dickflüssigkeit. Gelbliche, wäßrige Öle sollte man meiden. Eine Trübung des Öles bedeutet nur, daß es nicht oder wenig filtriert wurde. Es schmeckt dann meistens kräftiger.

Manche Kenner meinen, daß ein wirklich gutes Olivenöl nach grünen Bananen riechen soll. Jedenfalls muß es, wenn man es pur verkostet, am Gaumen weich sein und beim Schlukken ganz leicht im Hals kratzen.

Von der vorchristlichen Zeit an bis vor wenigen Jahren war Italien der führende Olivenölproduzent. Nun hat Spanien den ersten Platz eingenommen, und auch die neuen Großproduzenten wie die Türkei oder Tunesien holen ständig auf.
Jedes Öl weist andere Qualitäten auf. Das italienische Öl – das ich am besten kenne – unterscheidet sich nicht nur von spanischem oder französischem, sondern weist auch innerhalb Italiens einige Verschiedenheiten auf: Jenes des Nordens gilt als mild, das südliche als

sehr schwer. Als Geheimtip wird Olivenöl aus Umbrien gehandelt, weil es sehr
aromatisch und relativ preisgünstig ist.
Das Öl aus der Toscana, sagen nicht
nur die Toscanesen, ist eines der allerbesten.

Die Olivenbäume stellen ein einmaliges
Beispiel für die Harmonie von Natur
und Kultur dar. Sie verlangen viel Arbeit und Aufmerksamkeit. Die empfindlichen Jungbäume müssen veredelt und
auch später noch regelmäßig fachmän-
nisch geschnitten werden.
Nach vielen Jahren erst beginnt der
Olivenbaum zu tragen – beim Verwil-
dern ist er wesentlich schneller. Es bedarf also geduldiger, liebevoller Pflege,
um mit Hilfe der Erfahrung von Tau-
senden Jahren den Baum zur höchsten
Entfaltung zu bringen.

Wer einmal Ende November ein paar
Tage Zeit hat und in den Süden fährt,
kann das Glück haben, die Olivenernte
mitzuerleben. In der Toscana, wo das
silbrige Grün der Bäume eine berauschende Farbkombination mit dem Rot
der Erde bildet, nimmt die Olivenernte
oft Festcharakter an. Nachbarn, Familien, Freunde, ja ganze Dörfer helfen
zusammen, um die wertvollen Früchte
zu ernten. Meist werden rund um die
Olivenbäume dünnmaschige Netze
aufgelegt. Dann werden die
Bäume maschinell oder von
Hand geschüttelt, damit die
Oliven in die Netze fallen.
Manche der bis zu tausend

Jahre alten, knorrigen Gewächse lassen sich freilich von so einem schüt-
telnden Menschlein nicht besonders
beeindrucken. Dann gilt es, mit einem
Kübel auf den Baum zu steigen, um
die je nach Reifegrad grünen, rötlichen oder schwarzen Oliven einzeln
händisch zu ernten. Wichtig ist vor
allem, daß die empfindliche Haut der
Oliven nicht verletzt wird, damit es
während des Transports zur Ölmühle
nicht zu einer vorzeitigen Gärung
kommt. Bei manchen der kleinen Öl-
mühlen darf man auch zusehen, wie
langsam und wie sanft die ganzen Oliven von den Mühlsteinen zu einem
Brei gemahlen werden, der dann in
Matten gepreßt wird, wobei – Tropfen
für Tropfen – das wertvolle Öl entsteht. So erhält man einen ersten
Eindruck davon, wie viele Oliven in
einem Liter Öl verschwinden, und die
Achtung vor diesem Nektar der antiken Götter steigt noch weiter.

Eine italienische Spezialität, die nach
der Ernte und der Pressung bei keinem
Fest fehlen darf, ist die „Bruschetta"
– wohl eine der einfachsten Speisen,
die es gibt. Und eine der besten, wenn
man über ein gutes Olivenöl
verfügt.

Bruschetta

VERGNÜGEN PUR

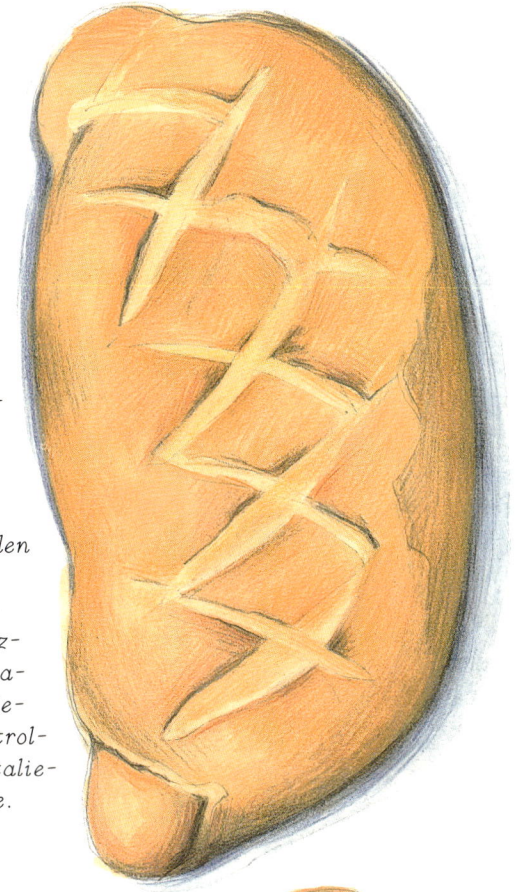

ZUBEREITUNG

Das Weißbrot wird in Scheiben geschnitten und dann getoastet, im Backrohr oder – am besten – an einem Feuer geröstet. Anschließend nimmt man eine Knoblauchzehe zur Hand und reibt diese an dem Brot, so, daß der Knoblauch sich in die Poren legt. Dann beträufelt man das Brot mit Olivenöl und salzt es eventuell.

Dies bei einem Kaminfeuer zu einem Gläschen Wein genossen – viel mehr braucht es nicht zum kulinarischen Glück.

Ein anderes einfaches Rezept, das den Geschmack des Olivenöls voll zur Geltung bringt, stammt aus den Abruzzen, einer bergigen, landschaftlich aufregenden Region in Mittelitalien.

Bei aller Armut, die in den abgelegenen Gegenden sprichwörtlich ist – über eines verfügten die Abruzzesen immer: über phantastisches Olivenöl. Und dieses spielt auch die Hauptrolle im einfachsten aller italienischen Spaghetti-Rezepte.

Z·U·T·A·T·E·N

WEISSBROT
(am besten grobporiges)
SALZ
KNOBLAUCH
OLIVENÖL

161

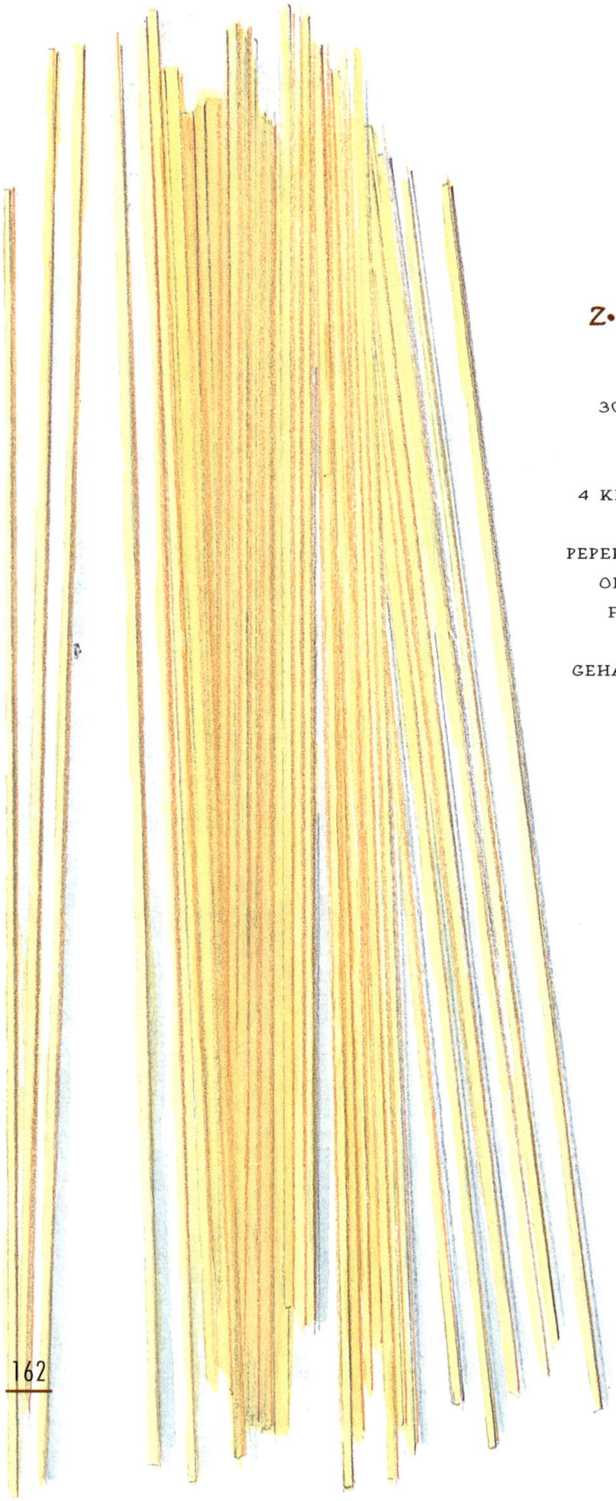

ZUBEREITUNG

Z·U·T·A·T·E·N

(für 2 Personen)

300 G. SPAGHETTI
4 ESSLÖFFEL
OLIVENÖL
4 KNOBLAUCHZEHEN
1 SCHARFE
PEPERONCINO-SCHOTE
ODER 4 TEELÖFFEL
FRISCHER INGWER
1/2 ESSLÖFFEL
GEHACKTER PETERSIL
(PETERSILIE)

Das Olivenöl mit dem Peperoncino erwärmen. Wer es gerne scharf hat, der zerstößt die Peperoncino-Schote vorher in einem Mörser; wer es milder bevorzugt, der läßt sie im ganzen und entfernt sie vor dem Essen. Die Knoblauchzehen schälen, in kleine Stücke schneiden und in dem Olivenöl bei kleiner Hitze anbraten. Der Knoblauch soll golden, und nicht braun werden, weil er sonst einen bitteren Geschmack erhält. Die Spaghetti in viel Wasser al dente kochen – bei diesem Rezept ist es besonders wichtig, daß sie nicht zu weich sind. Die Spaghetti abseihen, abtropfen lassen und gut mit dem heißen Knoblauch-Öl vermischen, wobei auch der Petersil beigefügt wird.
In Italien werden Spaghetti aglio, olio & peperoncino ohne Parmesan gegessen!

Die Spaghetti aglio, olio & peperoncino sind sozusagen das Grundnahrungsmittel aller Italienliebhaber. Rundherum in unserem Freundeskreis werden sie hoch geschätzt und dementsprechend häufig zubereitet. Und sollte man auch gar nichts im Haus haben – Spaghetti, Knoblauch (aglio), Olivenöl (olio) und eine Chilischote (peperoncino) finden sich doch in den meisten Vorratskammern.

Spaghetti aglio, olio & peperoncino
werden auch bei oftmaligem Verzehr
nicht langweilig. Sie stellen das ideale
„Kateressen" dar, weil sie Kreislauf und
Organismus wieder in Schwung bringen.
Der Knoblauch regt den Stoffwechsel
und dadurch die Entgiftung an, der
peperoncino wärmt den Magen und
heizt die Verdauung an – und das
Olivenöl salbt die Gefäße ebenso wie
die Seele.

Es gibt übrigens eine interessante
Variante zu diesem Gericht, die sich
vor allem in Sizilien großer Beliebtheit
erfreut. Dort verwendet man manchmal statt des peperoncino frischen, in
kleine Stücke geschnittenen Ingwer –
etwa zwei Teelöffel pro Person.
Der Ingwer trägt auch eine gewisse
Schärfe zu dem Gericht bei. Vor allem
harmonieren Ingwer, Knoblauch und
Olivenöl sehr gut.

Ich war bei diesem Gericht zunächst
skeptisch, habe mich aber durch einfaches Ausprobieren restlos davon
überzeugen lassen!

EIN HINWEIS:

Ingwer neutralisiert Fette. Zwei kleine
Scheiben frischer Ingwer in einem
Bratensaft fallen zum Beispiel kaum
geschmacklich auf – und sie bewirken
doch, daß auch fetter Bratensaft um
vieles bekömmlicher wird.

Spaghetti
aglio, olio & peperoncino
oder aglio, olio & Ingwer!

Wild auf Wild

Die Herbstzeit ist die traditionelle Wildzeit. Wild, vor allem Hirsch und Reh, gehörte seit jeher zu den Leibgerichten der Könige und der Reichen. Kein Wunder, daß Jagdrechte stets begehrt und umstritten waren. Kein Wunder auch, daß Wilderer und andere diebische Freigeister versuchten, auch den ärmeren Leuten den einen oder anderen Festbraten in Form einer bei Mondlicht erlegten Gams zu bieten.

Wildfleisch gehört sicher zu den hochwertigsten Fleischsorten überhaupt: Es handelt sich, jedenfalls bei wildlebendem Wild, um garantiert biologisches Fleisch – ohne Antibiotika, Genmanipulationen und Zusatzhormone. Hinzu kommt eine meistens „streßfreie Schlachtung": Nachdem die Kugel des Jägers sich schneller bewegt als der Schall, hört das getroffene Tier nicht einmal den Schuß. Bei allen Vorurteilen gegen Jäger ist dies ganz sicher viel weniger grausam als das Elend in den großen Schlachthöfen.

Immer mehr Menschen verzichten aus oft verständlichen Gründen auf Fleisch. Viele bevorzugen heute aus weltanschaulichen und kulinarischen Gründen auch das Fleisch von Tieren, die zumindest glücklich gelebt haben und nicht qualvoll gestorben sind. Mittlerweile läßt es sich auch wissenschaftlich nachweisen, daß das Fleisch von Tieren, die bei der Schlachtung Streß erleiden, nicht nur geschmacklich, sondern auch qualitativ dramatisch beeinträchtigt wird. (Unter Streß werden Reservestoffe aus den Muskeln mobilisiert, die die Beschaffenheit des Fleisches zu seinen Ungunsten verändern.) Doch nicht nur aus gesundheitlichen und weltanschaulichen Gründen wird Wild immer beliebter – sondern auch, weil es einfach gut schmeckt.

Wildfleisch ist sehr bekömmlich, da es, ohne trocken zu sein, mager ist. Hinzu kommt, daß sich das Wild in freier Natur sein ideales Futter aussucht, das aus Gräsern, Tannentrieben, Pilzen und Kräutern besteht. Bereits Hildegard von Bingen wußte, daß sich Hirsch und Reh ausschließlich von reinem Futter ernähren, weshalb ihr Fleisch auch gesunden wie kranken Menschen nützlich ist.

Davon abgesehen, tragen auch die Gewürze des später beschriebenen Wildragouts dazu bei, es zu einer wohltuenden Speise zu machen: Dem Lorbeer zum Beispiel wird nachgesagt, alle Speisen zu reinigen und zu veredeln. Lorbeer hat zwar keinen starken Eigengeschmack, doch die Blätter, mit denen einst Helden und Künstler bekränzt wurden, sollten in Eintopfgerichten oder Suppen nicht fehlen.

Wacholderbeeren dagegen weisen einen ziemlich starken und charakteristischen Geschmack auf. Sie wirken nachweislich blutreinigend, entschlackend und harntreibend. Außerdem stärken sie das Nervensystem und den Magen. Sie wirken antiseptisch und desinfizierend, eine Eigenschaft, die die Engländer auch am Wacholderschnaps, dem Gin, schätzen. Wer weiß, vielleicht geht der außerordentliche Charakter des Wacholderstrauchs beim Verzehr der Beeren auf den Menschen über?

Hart und dennoch schmiegsam, kommt dieser Verwandte der Zypresse bis in große Höhen vor. Er verträgt die Kälte Schwedens ebenso wie die Hitze Italiens. Er vermag in kargen Landschaften zu gedeihen und aus armen Böden seine Lebenskraft zu schöpfen.

Mit seinem würdevollen Aussehen und seinem herben Duft erfreut er unsere Sinne.

Am Beispiel des Wildfleisches sieht man besonders gut, wie die Geschmäcker sich im Laufe der Zeit wandeln.

Es ist noch gar nicht so lange her, da legte man beim Wildfleisch auf den sogenannten „haut-goût" Wert, das heißt auf den intensiven Geschmack des lange abgehangenen Fleisches. Der „haut-goût", in Wien verballhornt auch „Hugo" genannt, ist verantwortlich dafür, daß viele Menschen behaupten, kein Wild zu mögen. Doch junges, frisches Wildfleisch hat einen zarten und feinen Geschmack: Es „wildelt" nicht!

Früher, als man noch auf den „Hugo" Wert legte, pflegte man das Wildfleisch zu beizen. Man legte es für einige Tage in eine Marinade aus Rotwein, Essig, Wurzelwerk und Gewürzen. Bei dem Fleisch junger Tiere ist das nicht nur unnötig, es wäre sogar schade, den feinen Eigengeschmack „auszulaugen" und zuzudecken.

Egal, ob Hirsch, Reh, Gams (Gemse) oder Wildschwein: Wenn man feine Stücke wie Schnitzel oder Filet bekommt, dann brät man diese am besten nur kurz in Butter ab, salzt, pfeffert und genießt.

Freilich wird es auch dem Fleischhauer nicht stets gelingen, diese edlen Stücke immer und in Mengen, die auch die Versorgung von Gästen zulassen, zu besorgen. Wildfilets sind ein ebenso seltenes wie teures Vergnügen. Wesentlich günstiger und ebenso schmackhaft ist Wildfleisch, meist von der Schulter, das sich für Gulasch und Ragout eignet.

165

Wildragout

KRAFT FÜR DIE KALTEN TAGE

Z·U·T·A·T·E·N

(für 4 Personen)

1 KG. WILDFLEISCH
(in große Würfel geschnitten)
200 G. SPECK
(in kleine Würfel geschnitten)
2 MITTELGROSSE
ZWIEBELN
WURZELWERK
(5 Karotten, 1 Petersil-
wurzel, 1/4 Sellerie)
1 ESSLÖFFEL ZUCKER
7 ESSLÖFFEL OLIVENÖL
PAPRIKAPULVER
(4 Eßlöffel mildes
und 2 Teelöffel scharfes)
2 TEELÖFFEL SALZ
10 PFEFFERKÖRNER
2 LORBEERBLÄTTER
10 WACHOLDERBEEREN
10 KÖRNER NEUGEWÜRZ
(PIMENT)
1 TEELÖFFEL THYMIAN
eventuell eine kleine
Handvoll getrockneter
STEINPILZE
3/4 LITER ROTWEIN
- UND EINE HALBE RIPPE
KOCHSCHOKOLADE

166

Dieses Rezept kann mit Gulasch- oder Ragoutfleisch von Hirsch, Gams, Reh oder Wildschwein gemacht werden. Ich persönlich bevorzuge den starken Geschmack des Hirsches. „Diskreter" schmecken Reh und junges Wildschwein („Frischling").

ZUBEREITUNG

Den kleinwürfelig geschnittenen Speck und das großwürfelig geschnittene Fleisch in einem großen Topf rundherum anrösten, damit sich die Poren schließen und Saft sowie Geschmack im Fleisch bleiben. Die feingeschnittenen Zwiebeln mit dem geraspelten oder kleingeschnittenen Wurzelwerk dazugeben, eine Prise Zucker (sie hebt den Geschmack) hinzufügen. Falls der Speck nicht genügend Fett ausläßt, eventuell Olivenöl hinzufügen. Erst jetzt salzen und würzen: Dazu den Pfeffer, das Neugewürz und die Wacholderbeeren (am besten in einem Mörser) zerstoßen und mit den Lorbeerblättern, einer Prise Thymian sowie mit dem Paprikapulver („mild") unter das Fleisch mischen. Wer es gerne ein bißchen pikant hat, kann auch scharfes Paprikapulver verwenden. Falls vorhanden, machen sich ein paar getrocknete Steinpilze sehr gut. Nun recht bald mit dem Rotwein löschen – das Paprikapulver darf nicht zu scharf anrösten, sonst wird es bitter. Das Ganze eventuell mit etwas Wasser aufgießen (das Fleisch sollte mit Flüssigkeit bedeckt sein) und bei halb geschlossenem Deckel dünsten lassen, bis das Fleisch weich ist.

Je nach Qualität und Größe der Stücke wird das 1 1/2 bis 2 Stunden dauern. Kurz vor Schluß ein kleines Stück Kochschokolade in dem Ragout zerschmelzen lassen – dadurch wird die Sauce gebunden und geschmacklich abgerundet. Man schmeckt die Schokolade nicht heraus! Nun noch einmal abschmecken und eventuell Salz, Pfeffer oder einen Schuß Rotwein hinzufügen.

Zu diesem Wildragout passen Preiselbeeren sowie Knödel und Nudeln vieler Art. Als Getränk empfiehlt sich Rotwein, aber auch ein Glas Bier paßt ganz hervorragend.

Eine geradezu ideale Ergänzung zu dem kräftigen Wildragout stellt Polenta dar. Polenta schmeckt mild, und ihre sonnengelbe Farbe harmoniert schön mit dem herbstlichen Rotbraun des Wildragouts.

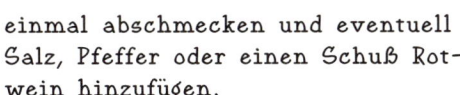

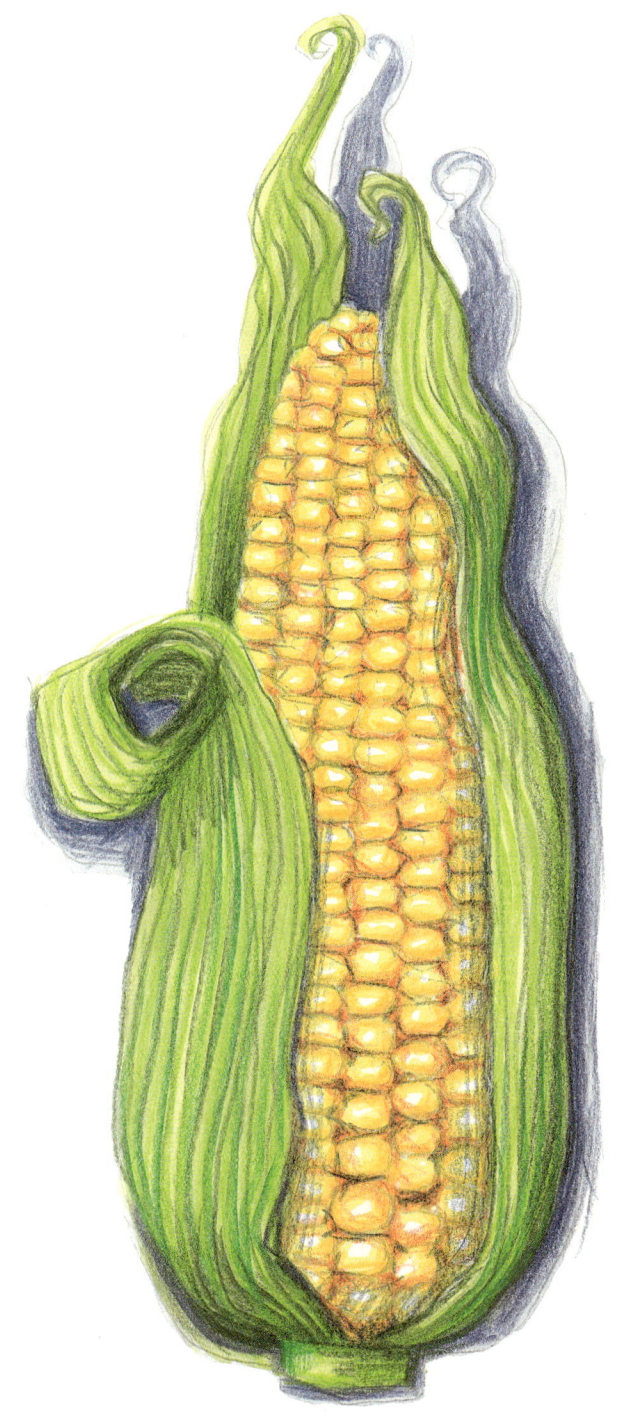

Polenta

ZUBEREITUNG

In einem möglichst hohen Topf
(Maisgrieß neigt zum Blubbern und
Spritzen) das Wasser mit dem Salz
zum Kochen bringen.

Anschließend den Maisgrieß in kleinen Mengen nach und nach einrühren.
Nimmt man zuviel auf einmal, dann
entstehen Klumpen.

Unter ständigem Rühren mit einem
Holzlöffel das Ganze auf kleiner Flamme so lange köcheln lassen, bis die
Masse zäh wird und sich vom Topf-
rand löst (etwa zwanzig Minuten).
Danach die Masse auf ein Holzbrett
gießen und zu einer etwa 2 cm
dicken Torte formen.
Diese Torte etwa eine Stunde lang
kalt werden lassen.

Dann mit einem Messer die Torte in
etwa drei Zentimeter breite und zehn
Zentimeter lange Stücke schneiden.
In einer Pfanne Olivenöl heiß werden lassen. Die Polentastücke bei
mittlerer Hitze auf jeder Seite etwa
5 Minuten knusprig braten und heiß
servieren.

Ich habe besonders auf den Holzlöffel und das Holzbrett hingewiesen, weil Polenta leicht mit Metall reagiert. Man sollte Reste daher auch nicht in Alu-Folie aufheben, da die Polenta sonst Farbe und Geschmack annehmen kann. Polenta ist eine norditalienische Spezialität. Die Süditaliener machen sich über das Essen von „granturco", Maisgrieß, lustig und nennen die Norditaliener spöttisch „polentoni", Polentafresser. Auch in der südlichen Steiermark ist Polenta zu einem traditionellen Gericht geworden, wobei die steirische Polenta mit einem nußgroßen Stück Butter gekocht wird. Polenta paßt zu vielen Gerichten mit kräftigen Saucen. Man kann sie aber auch als Hauptspeise essen, indem man auf den angebratenen, heißen Stücken ein paar Scheiben Käse (Fontina, Mozzarella oder Dolcelatte) zerschmelzen läßt.

Die Maispflanze stammt ursprünglich aus Südamerika, wo das Maisgetreide den Indios als Hauptnahrungsmittel diente und im Mittelpunkt vieler Mythen stand. Mais enthält fast alle lebenswichtigen Vitamine und Spurenelemente.

Z·U·T·A·T·E·N
(für 4-6 Personen)

350 G. MAISGRIESS
4 ESSLÖFFEL OLIVENÖL
1,5 LITER WASSER
2 TEELÖFFEL SALZ

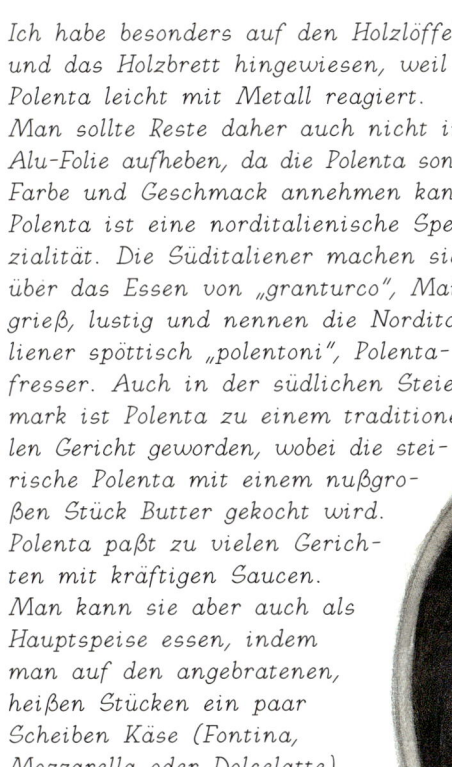

169

Mousse au chocolat

ZART-BITTERES GLÜCK

Z·U·T·A·T·E·N
(pro Person)

1 RIPPE
(etwa 30 Gramm)
EINER GROSSEN TAFEL
KOCHSCHOKOLADE
1 BUTTERFLOCKE
1 EI
1 PRISE SALZ

170

Der Trick von Michaelas Großmutter, das Wildragout mit einem Stück Kochschokolade sämig zu machen und geschmacklich abzurunden, gibt immer wieder Anlaß zu heiteren Fragespielen, wenn Freundesrunden mit diesem Gericht bekocht werden: „Ihr werdet nie erraten, was in dieser Sauce ist ..." Tatsächlich hat es noch nie jemand erraten.

Dabei ist die Verwendung von Schokolade für Fleischgerichte (vor allem Hase und Wildente) zu einem beliebten Mittel kreativer Köche geworden, um unsere Geschmacksgewohnheiten einer Überprüfung zu unterziehen. In der sogenannten großen Küche gibt es zahlreiche Wildrezepte mit ausgeklügelten Schokoladesaucen.

Wir essen die Schokolade ehrlich gesagt lieber nach dem Wild. Zum Beispiel in Form einer „Mousse au chocolat", die meine Mutter, meine Tante und Edda übrigens gleich gut machen (soviel zur offiziellen Klärung einer inoffiziellen Familienfehde).

Es gibt viele verschiedene Rezepte für Mousse au chocolat: Mit Schlagobers (Sahne), mit Kaffee, mit Cognac, mit Grand Marnier, mit Maronencreme ... Ich bevorzuge das klassische französische Grundrezept, das nur drei Zutaten enthält: Ei, Schokolade und Butter. Erstens ist dieses Rezept sehr leicht zu machen, und zweitens stellt es auch eine leichte Nachspeise dar: Ein luftiger, durch die Verwendung von ungesüßter Kochschokolade zartbitterer Flaum, der jedes Essen harmonisch abrundet.

Z U B E R E I T U N G

In einem Topf Wasser zum Kochen bringen. Über dem heißen Wasserdampf in einem anderen Topf die Schokolade langsam einschmelzen lassen. Die Butter hinzufügen, wenn die Schokolade zu schmelzen beginnt (sollte die Schokolade nicht gut schmelzen, kann man einen Eßlöffel von dem kochenden Wasser als „Starter" hinzufügen). Wenn die Schokolade ganz zerschmolzen ist, wegstellen und ein wenig abkühlen lassen. Das Eiweiß vom Eigelb trennen. Das Eigelb in die nicht mehr zu heiße Schokolade einrühren. Das Eiweiß mit einer Prise Salz (erhöht die Festigkeit!) steif schlagen und mit einer Teigkarte den Eischnee langsam und vorsichtig (damit der Schnee nicht zusammenfällt) mit der Schokolade vermischen, bis alles eine einheitliche Masse geworden ist.

In mehreren kleinen oder in einer großen Schüssel mindestens 12 Stunden lang kaltstellen, damit die Mousse fest wird.

Schoko-Träume

Als Hernán Cortéz, der spanische Eroberer, um 1519 in das Reich der Azteken vordrang, lernte er durch den letzten aztekischen Herrscher Montezuma ein eigenartiges Getränk kennen: Es war kalt, ziemlich dickflüssig, sehr bitter und wurde von den Eingeborenen Xocolatl genannt. Cortéz erfuhr, daß die aztekischen Männer den aus gerösteten Kakaobohnen hergestellten „Göttertrank" einnahmen, bevor sie sich zu ihren Frauen legten.

Doch den Krieger Cortéz interessierten leider die liebesfördernden Eigenschaften von Xocolatl weniger als dessen ebenso starke Wirkung als Kräftigungsmittel und Muntermacher, weshalb er seinen Soldaten das Trinken von Xocolatl verordnete.
Der traurige Rest der Geschichte ist bekannt: Die Azteken wurden bezwungen. Montezuma hatte seinen Feinden ein Wundermittel in die Hand gegeben ...
Die Kakaobohne, bis dahin nur in den tropischen Gebieten Südamerikas bekannt (und sogar als Zahlungsmittel eingesetzt), setzte sich ziemlich schnell in Europa durch, wobei weniger der Geschmack, als vielmehr die gesundheitsfördernden Eigenschaften der Schokolade im Mittelpunkt standen.

Tatsächlich war der Weg von dem bitteren, dickflüssigen Getränk bis zu unserer heutigen Trink- oder Eßschokolade lang. Erst die Erfindung einer Spezialpresse durch den holländischen Chemiker Coenraad van Houten, die eine bessere Löslichkeit des Kakaos gewährleistete, sowie die Entwicklung eines neuen Walzverfahrens durch den Schweizer Rudolf Lindt ebneten im 19. Jahrhundert den Weg zum endgültigen, weltweiten Siegeszug der Schokolade.

Auch wenn diese heutige Schokolade in ihren schier unendlichen Ausformungen und Geschmacksrichtungen denkbar wenig mit dem Xocolatl der Azteken zu tun hat: Ein für den Körper, aber vor allem für die Seele wertvoller Stoff bleibt Kakao allemal.
Die starke Wirkung von Schokolade auf die Psyche erklärt der deutsche Lebensmittelchemiker Udo Pollmer damit, daß Kakao den Spiegel des körpereigenen „Glücklichmachers" Serotonin erhöht.

Schokolade enthält auch berauschende Opiate. Das erklärt, warum manche Menschen tatsächlich eine Art von Sucht nach der „Kakao-Droge" entwickeln: Die „Schokoholics" gibt es wirklich ...

Schokolade enthält
auch einen anderen
beseligenden Stoff, der
unter anderem beim
Verliebtsein massen-
haft vom Körper aus-
geschüttet wird:
Phenylethylamin.
Dieses, so Pollmer, „hebt
die Stimmung und sorgt für das psy-
chische Gleichgewicht. Ob seine
Wirkung beim Genuß eines
Schokoriegels jedoch mit
einem sexuellen Höhepunkt
vergleichbar ist, wie
unlängst ein Fachblatt
nahelegte, sei der
Phantasie des Lesers
überlassen. Daß
Schokolade für viele
Menschen eine Art
Liebesersatz dar-
stellt, scheint jedoch
sicher."

Das Wort „Liebeser-
satz" hören die Scho-
koholics allerdings
sicher nicht gerne.
Denn für sie ist Schoko-
lade kein „Liebesersatz",
sondern die Liebe selbst.

173

Winter

Rezepte durch vier Jahreszeiten

Winter: Alchimie im Kochtopf

Der Schneegeruch, den der Wind aus den Bergen in die Täler trägt; die ersten tänzelnden Flocken, die sich auf die graue Erde legen; die weiße Decke, in der man neue Schritte setzen kann; das Glitzern von Millionen Schneekristallen im gleißenden Sonnenlicht; das Jubeln der Kinder beim Rodeln; ein Feuer im offenen Kamin; der Duft von Geräuchertem; das gelbe Licht in einem Hüttenfenster, in der sternenklaren, blauen Nacht ...

Wer kennt sie nicht, die Erinnerungen an schöne Wintertage und verzauberte Winternächte? Ich möchte den Winter nicht missen.

Aber der Winter kann auch sehr, sehr lang werden. Wenn kein Schnee die nackte Erde bedeckt, wenn der ewige Nebel sich über Städte und Täler legt, wenn man die Haut mit vier Schichten Kleidung bedecken muß, dann sinken viele Menschen – ein Erbe aus der Tierwelt – selbst in eine Art Winterschlaf. Ideen keimen nun im Inneren, große Pläne werden, so es geht, auf den Frühling verschoben, und auch die Gefühle köcheln auf Sparflamme. Der Winter ist die Zeit des langsamen Entstehens. Das zeigt sich auch in der Küche.

Nicht der schnelle Salat ist es, der uns nun verlockt – der Körper weiß schon, warum: Die Chinesen behaupten in ihrer Ernährungslehre, daß Salat auf den Organismus kühlend wirkt. Und wer kann im Winter schon Kühlendes gebrauchen? Wonach uns jetzt der Sinn steht, das sind Speisen, die auf kleiner Flamme stundenlang vor sich hinköcheln, die eine gelungene Mixtur von Zutaten durch die magische Kraft des Feuers in ein kräftiges Lebenselixier verwandeln. Kochen von Eintöpfen und kräftigen Suppen im Winter hat immer etwas von Alchimie an sich. Und wer Glück hat, der findet dabei vielleicht sogar den kulinarischen Stein der Weisen.

Der Winter ist die Suppenzeit schlechthin. Suppen waren wahrscheinlich – sieht man von gegrilltem Fleisch ab – die ersten gekochten Gerichte überhaupt. Prähistorische Funde deuten darauf hin, daß in den Kochtöpfen der Urzeit so manches kräftige Süppchen gebrodelt hat. Die Suppen-Idee ist ja auch wirklich naheliegend: Hier verbindet sich das Grundelement Wasser mit anderen Grundnahrungsmitteln über dem Element Feuer zu einem kräftigen, würzigen Extrakt.
Suppen erwärmen den Körper, weil sie heiß genossen werden. Klare Suppen sind leicht verdaulich und enthalten dennoch viele aufbauende Stoffe. Kein Wunder, daß Suppen als ideale Kost zur

Genesung gelten: Die Großeltern-Generation schwor auf Hühnersuppe mit Gemüse als Allheilmittel bei Schwächezuständen.
Bei dieser Großmutter-Diät ist allerdings folgendes zu bedenken: Fleischsuppen sind sauer, Gemüsesuppen basisch, weshalb letztere bekömmlicher sind.

In der „feinen Küche" wird als Grundlage auch für alle Creme- oder Gemüsesuppen Hühner-, Rind- oder Kalbsknochensuppe verwendet. Doch man braucht nicht unbedingt Fleisch, um eine aufregende Suppe zu kochen – auch mit Gemüse und mit gewissen Gewürzen wird sie stark und aromatisch. Als schmackhaftes Gemüse, Grundlage für alle winterlichen Suppen, verwende ich zum Beispiel gerne Lauch (Porree), ein Liliengewächs wie Zwiebel und Knoblauch. Auch eine Prise frisch geriebener Muskatnuß verleiht jeder Suppe einen kräftigen und würzigen Geschmack. Außerdem koche ich in Gemüsesuppen einige Blätter von getrocknetem oder frischem Liebstöckel (Maggikraut) mit. Der starke Duft dieser Pflanze, die bis zu einem Meter hoch werden kann, sowie der typische „Maggi"-Geschmack machen sie zu einer unverzichtbaren Basiswürze aller Suppen. Liebstöckel gilt, wie der Name schon sagt, als Aphrodisiakum. Aber nicht nur in Liebesangelegenheiten soll sich die Pflanze bewähren – auch eine stärkende Wirkung auf Herz und Magen wird ihr nachgesagt.

Winter ist Suppenzeit

Kartoffelsuppe
MIT SPECK UND KERBEL

ZUBEREITUNG

Den Speck in kleine Würfel schneiden und in einem großen Topf in der Butter anrösten. Die geschälten und ebenfalls in kleine Würfel geschnittenen Kartoffeln (roh) dazugeben und anrösten. Auch Zwiebeln und Wurzelwerk schälen, in kleine Stücke oder Würfel schneiden, und ebenso wie den gewaschenen und in Ringe geschnittenen Lauch hinzufügen und anrösten. Wenn die Gemüse Farbe anzunehmen beginnen, 3 Liter Wasser aufgießen.

Erst jetzt salzen, pfeffern, Lorbeerblatt, Liebstöckel, Muskatnuß, Steinpilze und die Suppenwürfel hinzufügen. Einmal aufkochen lassen und dann bei kleinerer Hitze etwa 1 Stunde lang wallen lassen.

Danach den Sauerrahm in die Suppe rühren. Die Suppe darf jetzt nicht mehr aufkochen, weil sonst der Rahm ausflockt.

Vor dem Servieren den frischen, gehackten Kerbel über die Suppe streuen. Diese Suppe kann man als Vorspeise essen. Andererseits ist sie gehaltvoll genug, um mit einem Butterbrot eine herzhafte Hauptspeise abzugeben.

NOCH ZWEI HINWEISE:

Ist kein frischer Kerbel verfügbar, dann gibt man den getrockneten Kerbel nicht erst zum Schluß, sondern mit den anderen getrockneten Kräutern dazu.

Wem die Kartoffelsuppe in dieser eintopfartigen Form zu „unfein" ist, der kann sie auch passieren. Als Basis verwendet man dann mehlige statt der speckigen Kartoffeln. Man sollte die getrockneten Steinpilze und das Lorbeerblatt entfernen, bevor man die Suppe mit dem Rahm und eventuell 1/8 Liter Schlagobers (Sahne) im Mixer passiert. Danach die Steinpilze und den Kerbel hinzufügen. Die Suppe, nunmehr heller und cremig, wirkt passiert sehr „nobel".

Wer es etwas deftig bevorzugt, der läßt die Suppe einfach, wie sie ist.

Kerbel ist ein gut gedeihendes Kraut aus der Familie der Doldengewächse. Er wächst auch in Blumentöpfen gut und kann auf dem Balkon gezogen werden. Wenn es nicht zu heftig friert, grünt er sogar im Winter – und das ist wichtig für unsere Kartoffelsuppe,

deren unvergleichliches Kerbel-
Aroma bis jetzt noch alle Gäste
in Verzückung versetzt hat.
Der Kerbel, früher auch als Heil-
pflanze bei Haut- und Lungen-
leiden eingesetzt, ist ein eher
selten verwendetes Gewürz.
Das ist schade, denn wer den
Kerbel einmal zu schätzen gelernt hat, der wird ihn beim Kochen
und Würzen öfter berücksichtigen.
Freilich ist der würzige und sehr
charakteristische Geschmack des
Kerbels nicht ganz leicht zu kombinieren. Zu Salat und zu Kartoffeln
paßt er aber wunderbar. Zum Beispiel kann man ihn für Butterkartoffeln statt des Petersils verwenden.

Überhaupt werden in den meisten Kü-
chenüberlieferungen unterirdisch wach-
sende Pflanzen mit oberirdisch wachsenden kombiniert, damit das Gleichgewicht von oben und unten auch im
Kochtopf hergestellt wird. Deshalb serviert man zum Beispiel in der traditionellen österreichischen Küche die
Kartoffeln gerne mit Petersil, in südlichen Ländern mit Rosmarin.
Auch in der Kartoffelsuppe wird dieses Gleichgewicht durch den Kerbel
gewahrt.

Krautsuppe

EIN GRUSS AUS DEM OSTEN

Z·U·T·A·T·E·N
(für 6-8 Personen)

1 KG. SAUERKRAUT
6 PARADEISER (TOMATEN)
2 GROSSE ZWIEBELN
2 ESSLÖFFEL
BUTTERSCHMALZ
250 G. SPECK
2 ESSLÖFFEL PAPRIKA-
PULVER (MILD)
2 TEELÖFFEL PAPRIKA-
PULVER (SCHARF)
1 ESSLÖFFEL ZUCKER
1 TEELÖFFEL SALZ
2 SUPPENWÜRFEL
2 TEELÖFFEL KÜMMEL
4 GROSSE MEHLIGE
ERDÄPFEL (KARTOFFELN)
1/4 LITER SAUERRAHM

ZUBEREITUNG

Den Speck kleinwürfelig schneiden und in Butterschmalz anrösten. Die Zwiebeln schälen, fein schneiden und mit dem Speck anrösten, bis sie golden werden (dabei den Zucker hinzufügen). Das Sauerkraut beigeben, mit zweierlei Paprikapulver, Kümmel, Salz würzen und alles gut durchmischen.
Die Tomaten schälen, in Würfel schneiden und beigeben. Noch einmal gut durchmischen. Anschließend mit 2-3 Liter Wasser aufgießen (je nachdem, wie dick man die Suppe haben will) und die Suppenwürfel einstreuen (natürlich kann man auch dieselbe Menge „echter" Suppe verwenden).
Diese Suppe nun etwa 1 1/2 Stunden lang bei halb geschlossenem Deckel köcheln lassen.

Danach die geschälten, rohen Kartoffeln mit einer Raspel hineinreiben – dadurch wird die Suppe gebunden. Noch etwa eine halbe Stunde lang köcheln lassen.

Die Suppe heiß servieren. Dazu stellt man am besten eine Schüssel mit frischem Sauerrahm auf den Tisch. Je nach Geschmack kann sich dann jeder die Suppe mit einem Löffel Rahm verfeinern.

Diese paprizierte Krautsuppe erfreut sich vor allem in den ehemaligen k.u.k.-Ländern Ungarn und Galizien, wo die Winter lang und eisig sein können, großer Beliebtheit.

Sie wird dort mit Brot als Hauptspeise gegessen. Oft läßt man in der Suppe auch ein Stück Selchfleisch oder einige scharfe Würste mitkochen, die vor dem Servieren geschnitten und in der Suppe serviert werden.

Lebenskraft

DURCH SAUERKRAUT

Sauerkraut ist fein gehobeltes Weiß-
kraut, das nach jahrhundertealten
Traditionen eingesalzen und in Holz-
fässern gelagert wird. Durch natürliche Milchsäurebakterien bekommt
es den charakteristischen säuerlichen Geschmack.

Diese Milchsäurebakterien, die auf der
ganzen Welt bei der Herstellung von
Kefir, Sauermilch oder Salzgurken zur
natürlichen Konservierung verwendet
werden, wirken entgiftend und
tragen so zur Reinigung der
inneren Organe bei.
Sauerkraut ist – entgegen
allen Vorurteilen – keine
typisch deutsche Erfin-
dung. Schon die Griechen,
die Römer und die Phöni-
zier kannten die Kunst
des Einlegens von Kraut.
Prof. Hademar Bankhofer
berichtet in seinem Buch
„Gesundheit aus dem Koch-
topf": „Der Biochemiker und
Mediziner Prof. Dr. Felix
Kindore von der Universität in
Pittsburgh, Pennsylvania, hat im
Rahmen einer Studie nachgewiesen:
Mit einem sehr bekannten, preiswer-

ten und wohlschmeckenden sowie
einfachen Gemüse kann man
enorm Fitneß, Lebens- und
Liebeskraft tanken. Und dieses Gemüse ist das Sauer-
kraut." Die gelungene Mi-
schung aus Milchsäure, Vitaminen und Mineralstoffen
macht das Sauerkraut zu einem der wichtigsten Wintergemüse.

183

Lauchsuppe

Ein anderes wohlschmeckendes und gesundes Gemüse ist der Lauch (Porree). Lauch hat eigentlich immer Saison, gilt aber als typisches Wintergemüse, weil er schon vor hunderten Jahren in winterfesten Lauchgärten angebaut wurde.

Lauch enthält eine Fülle von Mineralstoffen und Spurenelementen, darunter auch eine Schwefelverbindung, die die Nierentätigkeit anregt und als infektionshemmend gilt.

Lauch ist also nicht nur winterfest, er macht auch winterfest. Und sein Geschmack verwandelt jede Mahlzeit in ein Winterfest.

ZUBEREITUNG

Den Speck in kleine Würfel schneiden und in der Butter anrösten.

Die Zwiebel schälen, fein schneiden und unter Beigabe des Zuckers ebenfalls anrösten. Inzwischen den Lauch der Länge nach durchschneiden. Die Wurzeln und die harten Blattenden wegschneiden, die äußeren Blätter entfernen. Den Rest sorgfältig waschen (Erde sammelt sich auch zwischen den Blättern!), in feine Ringe schneiden und ebenfalls in der Pfanne mitrösten lassen. Salzen, pfeffern. Wenn der Lauch beginnt, Farbe anzunehmen, gießt man mit 2 Litern Wasser, in denen man die Suppenwürfel auflöst, auf. (Dieselbe Menge einer Rind- oder Hühnersuppe kann man natürlich auch verwenden.) Das Ganze läßt man unter Beigabe der Prise Muskatnuß etwa 30 Minuten köcheln. Vor dem Servieren rührt man schließlich mit einem Schneebesen das Schlagobers unter. Dadurch wird die Suppe besonders cremig. Die Suppe nun noch einmal heiß werden lassen (nicht kochen!) und servieren.

Natürlich kann man als vegetarisch eingestellter Mensch den Speck bei dieser Suppe weglassen – auch dann wird sie aromatisch und fein schmecken.

Z·U·T·A·T·E·N
(für 4 Personen):

4-6 STANGEN LAUCH
(PORREE)
200 G. SPECK
1 ESSLÖFFEL BUTTER
1 MITTELGROSSE ZWIEBEL
1 TEELÖFFEL ZUCKER
2 GEMÜSESUPPENWÜRFEL
1 PRISE SALZ
2 PRISEN PFEFFER
FRISCH GEMAHLEN
1 PRISE MUSKATNUSS
FRISCH GERIEBEN
1/4 LITER SCHLAGOBERS
(SAHNE)

Zeit für ein Fest

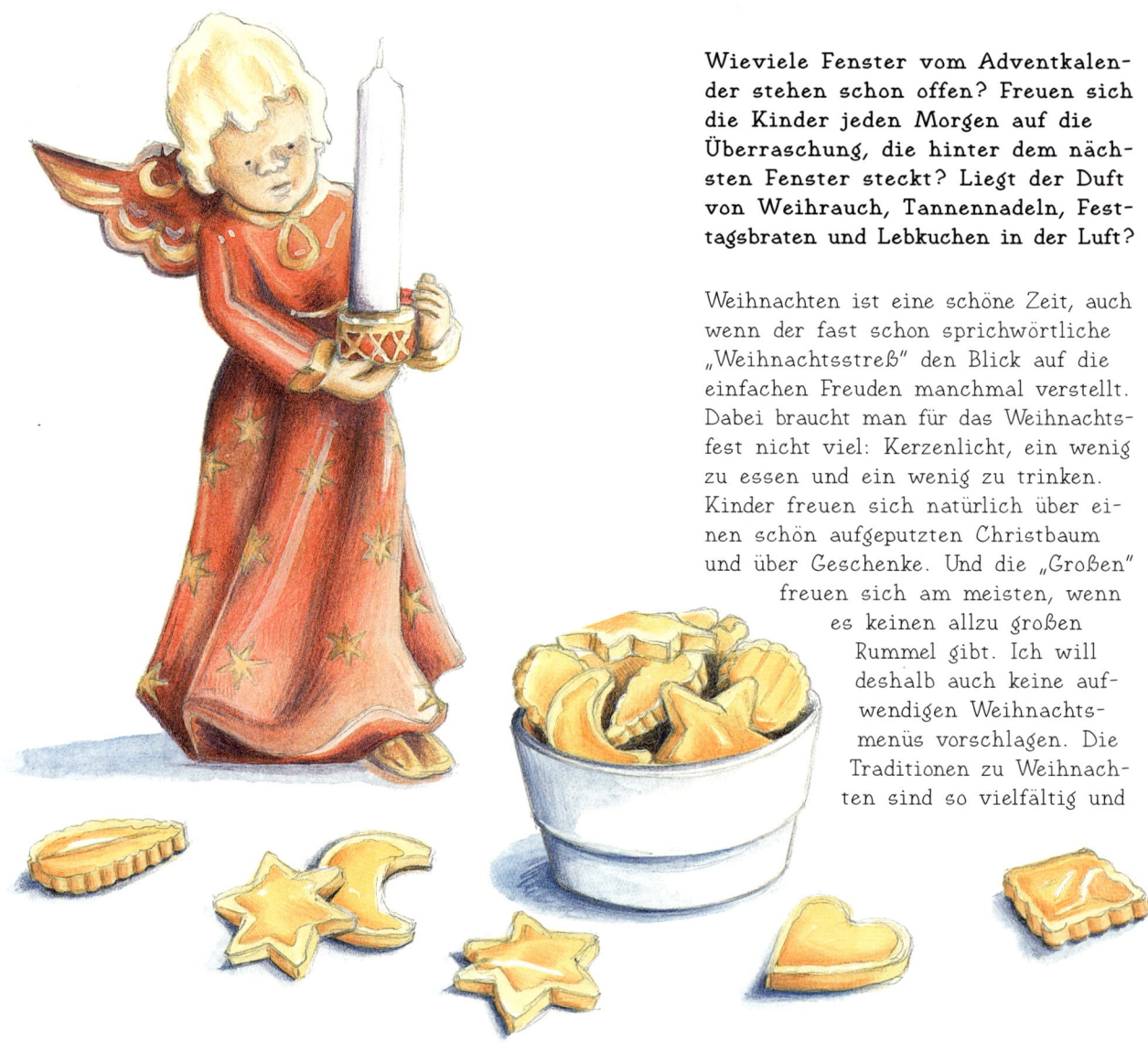

Wieviele Fenster vom Adventkalender stehen schon offen? Freuen sich die Kinder jeden Morgen auf die Überraschung, die hinter dem nächsten Fenster steckt? Liegt der Duft von Weihrauch, Tannennadeln, Festtagsbraten und Lebkuchen in der Luft?

Weihnachten ist eine schöne Zeit, auch wenn der fast schon sprichwörtliche „Weihnachtsstreß" den Blick auf die einfachen Freuden manchmal verstellt. Dabei braucht man für das Weihnachtsfest nicht viel: Kerzenlicht, ein wenig zu essen und ein wenig zu trinken. Kinder freuen sich natürlich über einen schön aufgeputzten Christbaum und über Geschenke. Und die „Großen" freuen sich am meisten, wenn es keinen allzu großen Rummel gibt. Ich will deshalb auch keine aufwendigen Weihnachtsmenüs vorschlagen. Die Traditionen zu Weihnachten sind so vielfältig und

verschieden, daß mir die Wahl ohnehin schwer fiele: Im Osten Österreichs verspeist man gebackenen Karpfen, in Oberösterreich Bratwürstel mit Sauerkraut, in Amerika Truthahn und in der südfranzösischen Provence steht eine Folge von 13 Desserts im Mittelpunkt des Festmahls. So hat wahrscheinlich jeder seine eigenen Gepflogenheiten, und die Freude daran ist das wichtigste. Denn tatsächlich ist ja die Wintersonnwende ein Grund zur Freude. Die Tage werden wieder länger, das Licht kommt allmählich zurück. Schon unsere Vorfahren haben (lange vor der Geschichte in Bethlehem ...) die Wiederkehr der Sonne gefeiert und sich gefreut.

L E B K U C H E N

gegen Dämonen

Zur Zeit der Sonnwende werden viele Bräuche und Rituale gepflegt, und viele davon drehen sich um das Essen. Weihnachten ist zum Beispiel die Zeit der Lebkuchen, die mit Honig und exotischen Gewürzen wie Nelken, Zimt und Kardamom gebacken werden. Früher glaubte man daran, daß diese Bäckereien Dämonen und böse Geister vertreiben. Die antiseptische und verdichtende, wärmende Kraft der Gewürze legt auf jeden Fall nahe, daß die Lebkuchen so banale Dämonen wie Husten und Schnupfen zu bannen vermögen. Die Lebkuchen weisen verschiedene Formen auf – Sonne, Mond und Sterne zum Beispiel drücken die Verbindung mit dem Kosmos aus, von dem man glückbringende Konstellationen erbat. Von Lebkuchenherzen erhofft man sich Liebesglück; Tiere aus Lebkuchen sollen die Vegetationsgeister günstig stimmen; und die verschiedenen Arten von Brezeln gelten als Symbol der Unendlichkeit (Brezeln gleichen ja auch dem mathematischen Zeichen für Unendlichkeit!). Doch auch Häuser, Engel und Taler aus Lebkuchen schmücken so manchen Christbaum. Das war ja auch der alte Sinn der „Lebenskuchen": Dank und Wünsche zu formen, auszubacken und an den Lichterbaum zu hängen. Ein magisches Ritual ...
Es gibt freilich – jenseits der aufwendigen Lebkuchen-Zubereitung – auch einige sehr einfache Rezepte für weihnachtliche Süßigkeiten. Zwei davon will ich vorstellen.

Haferkekse

EINFACH, KÖSTLICH

ZUBEREITUNG

In einem großen Topf die Butter zerlassen. Den Zucker und die Prise Salz hinzufügen und unter ständigem Rühren in der Butter auflösen. Danach die Haferflocken und das Backpulver unterrühren, den Topf vom Herd nehmen. Ein Backblech mit Butter ausfetten und die Hafermasse mit einer feuchten Teigspachtel zu einer etwa 1 cm dicken Fläche verstreichen. Das Backblech auf mittlerer Höhe in das auf 200 Grad vorgewärmte Backrohr schieben. Nach etwa 12 Minuten, wenn die Hafermasse goldgelb wird, das Blech wieder herausholen und abkühlen lassen. In eine beliebige Keksform zerschneiden und alsbald verzehren (das wird nicht sehr schwierig werden).

Die Haferkekse schmecken köstlich, und nicht nur deshalb entwickeln sie sich recht schnell zu „Süchtig-machern".

machern".

In der „Edda" dient der Hafer den Göttern als Speise. Hafer stellte neben der Hirse und dem Dinkel das Hauptgetreide in Mitteleuropa dar, bevor der Weizen seinen Siegeszug antrat. In Rußland wird der stark kräftigende Hafer noch heute gerne gegessen. Auch im feuchtkalten Klima Großbritanniens hat sich die Tradition des warmen Haferbreis, Porridge genannt, bis heute gehalten.

Tatsächlich vermag der Hafer dem Körper wichtige Stoffe zuzuführen, und zwar in ungewöhnlicher Konzentration und Zusammensetzung: Eiweiß, Vitamine, Mineralstoffe. Der hohe Gehalt an Vitamin E sorgt für eine körperlich und geistig entkrampfende Wirkung. Neben dem speziellen, äußerst günstigen Einfluß auf die Cholesterinbildung in der Leber wird der Hafer vor allem zur Stärkung gegessen, die so weit gehen kann, daß einen der sprichwörtliche „Hafer sticht". Die Pflanzenheilkunde empfiehlt „Urtinktur" von Hafer oder Haferstroh bei Unruhe, leichten Depressionen, Schlaflosigkeit und ganz allgemein zum Aufbau der Nerven. Vielleicht sind die schnell gemachten Haferkekse also genau das richtige für die vorweihnachtliche Zeit ...

Z·U·T·A·T·E·N
(für etwa 50 Kekse)

400 G. HAFERFLOCKEN
250 G. BUTTER
250 G. BRAUNER ZUCKER
1 PÄCKCHEN BACKPULVER
1 PRISE SALZ

Schokoladekugeln

SCHNELL GEMACHT, SCHNELL GEGESSEN . . .

ZUBEREITUNG

Die zimmerwarme Butter schaumig schlagen und mit dem Staubzucker, einem Eßlöffel Kakao, dem Zimt und dem Rum vermischen. Die geriebene Bitterschokolade gut mit den geriebenen Haselnüssen vermischen und in die Buttermasse rühren. Jetzt kann man schon die Kügelchen formen – ein Vergnügen für Kinder und verspielte Erwachsene. Sollte die Masse noch zu weich sein, muß man sie kurz kaltstellen. Die fertigen Kugeln werden in dem restlichen Kakao gerollt. Und fertig ist die Schokokugel.

Dieses Rezept stammt von meiner Großmutter, und ich gebe es deshalb weiter, weil die Schokoladekugeln aus all der Vielfalt ihrer köstlichen Weihnachtsbäckereien als erste verschwanden ... alle Jahre wieder. Auch Michaelas Großmutter pflegt die festlichen Backtraditionen. Sie beherrscht die beiden folgenden klassischen weihnachtlichen Süßspeisen wie kaum jemand anderer.

Z·U·T·A·T·E·N

1/8 KG. BUTTER
125 G. STAUBZUCKER
200 G. GERIEBENE HASELNÜSSE
350 G. GERIEBENE BITTERSCHOKOLADE
2 ESSLÖFFEL RUM
1/2 TEELÖFFEL ZIMT
4 ESSLÖFFEL KAKAO

Weihnachtsstollen

Z·U·T·A·T·E·N

500 G. MEHL
1 TEELÖFFEL SALZ
50 G. GERM (HEFE)
1 EIDOTTER
1/8 LITER MILCH
100 G. ZUCKER
100 G. SCHWEINE-
SCHMALZ
50 G. BUTTER
SCHALE EINER
HALBEN BIOZITRONE
80 G. MANDEL-
STIFTCHEN
100 G. ZITRONAT
40 G. ORANGEAT
150 G. ROSINEN
3 ESSLÖFFEL RUM
STAUBZUCKER

ZUBEREITUNG

Am Vorabend Orangeat, Zitronat und Rosinen in dem Rum einweichen. Die Milch auf etwa 20 Grad erwärmen. In der Hälfte davon die Germ zerkleinern und darin auflösen; die andere Hälfte mit dem Zucker, dem Salz, der geriebenen Zitronenschale und dem Eidotter verrühren. Das Mehl durch ein Sieb auf die Arbeitsfläche häufen, in der Mitte einen Krater bilden; nach und nach die beiden Flüssigkeiten zugießen und das Ganze zu einem Teig kneten. Nun auch das warme Schmalz einarbeiten und den Teig so lange kneten, bis er "seidig" wird und nicht mehr an Fingern oder Arbeitsplatte klebt. Die in Rum getränkten anderen Zutaten einarbeiten. Den Teig zu einer Kugel formen, auf einen Teller legen, mit einem sauberen Geschirrtuch bedecken und an einem warmen (nicht heißen!) Platz zwei Stunden aufgehen lassen. Noch einmal gut durchkneten und zu einem ovalen Teigstück ausrollen. Der Länge nach einmal zusammenklappen, auf ein gefettetes, bemehl-

tes Backblech legen, zugedeckt noch etwa 30 Minuten gehen lassen. Mit Milch bestreichen und bei etwa 180 Grad 45 Minuten lang backen. Den heißen, fertigen Stollen einige Male mit zerlassener Butter dick bestreichen. Zuletzt mit Staubzucker besieben.

Die Kletzen-Geschichte

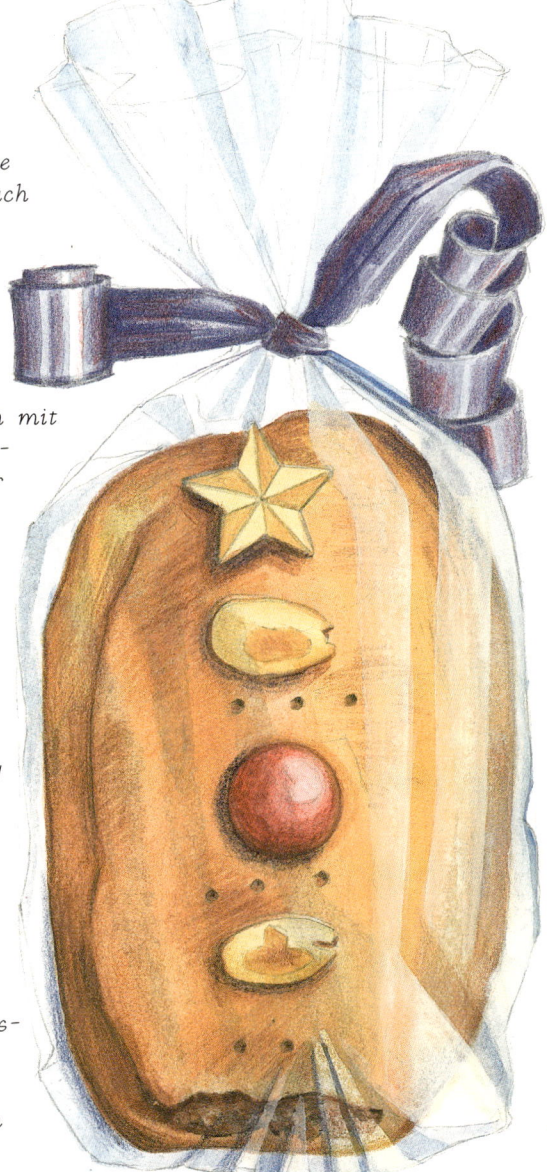

Das für
gewöhnlich
gut informierte
Sacher-Kochbuch
berichtet:
„Das Kletzen-
brot aus Brot-
teig, mit ge-
dörrtem Obst,
Nüssen (und
neuerlich auch mit
gekauften Süd-
früchten), war
schon im
Mittelalter
als „piratu-
ra" bekannt.
Es war
brauchtums-
gebunden,
wurde meist
am Thomastag
gebacken oder
zumindest
vorbereitet
und in feier-
licher Form
an einem der
Weihnachts-
tage vom Haus-
vater ange-
schnitten.
Landschaftlich

Früchtebrot

Z·U·T·A·T·E·N

300 G. MEHL
20 G. GERM (HEFE)
1/8 KG. BUTTER
100 G. STAUBZUCKER
2 EIDOTTER
1 PRISE SALZ
SCHALE EINER BIOZITRONE

FÜLLE:
5 ESSLÖFFEL RUM
200 G. KLETZEN
JE 100 G. GEDÖRRTE
ZWETSCHKEN (PFLAUMEN)
FEIGEN
DATTELN
ROSINEN
WALNÜSSE
ORANGEAT
ZITRONAT

verschieden sind die Formen (Laib, Wecken, auch Zelten genannt), die Benennung („Birazelten", „Moltschero", „Zlabern", „Klotzen- und Klatzenbrot", „Fochanzen") und die Zutaten (gedörrte Birnen, Zwetschken, Zibeben, Mandeln, Nüsse, Zirbelkerne, Haselnüsse, Feigen, Datteln, Arancini, Pignoli, Zitronat, Bockshörndl, Anis, Koriander, Fenchel, Cardamomen, Zimt, Nelken, Kümmel, Rum, Schnaps)."

Die „Kletzen", wie die Dörrbirnen in Österreich genannt werden, wurden mit den anderen Zutaten mit den Händen zu einem Teig verknetet.

Um den nahrungsspendenden Bäumen die Ehre zu erweisen, gehen auch heute noch manche Großmütter nach dem Kneten der Kletzen-masse zu den Obstbäumen, um sich an deren Rinde die Hände abzureiben. So bekommt der Baum einen Teil dessen zurück, was er uns geschenkt hat.

ZUBEREITUNG

Am Vorabend die Zutaten für die Fülle nach Bedarf entkernen und kleinschneiden. Die Kletzen, Zwetschken und Feigen in etwas Wasser weichkochen. Das Wasser aufheben. Alle Zutaten für die Fülle mit Rum benetzen und über Nacht ziehen lassen.

Anderntags den Germteig zubereiten. Dazu Mehl, Germ, Staubzucker, 1 Eidotter, Salz, geriebene Zitronenschale mit dem Wasser der Früchte vermischen, die weiche Butter einarbeiten.

Wieviel von dem Früchtewasser verwendet wird, ist Gefühlssache – der Teig sollte seidig und nicht zu dünn werden! Er wird sofort verwendet und muß nicht aufgehen. Den Teig flach ausrollen, die Früchtemischung darin einschlagen. Mit einer Stricknadel einige Löcher in die Oberfläche bohren, damit Feuchtigkeit entweichen kann.

Mit Eidotter bestreichen und bei etwa 160 Grad im Backofen 30-60 Minuten backen (ja nach Dicke des Früchtebrots).

SONNE IM HERZEN

Heißer Punsch

Punsch – ist das nicht dieses Getränke-
pulver, das mit Schnaps und heißem
Wasser trinkfertig gemacht wird?
Ja, leider ist Punsch oft genau das.
Doch wer einmal echten Punsch getrunken hat, der wird das durchsichtige
Massengetränk, das winters an ein-
schlägigen Ständen verkauft wird, kaum
noch dieses Namens für würdig befinden. Punsch stammt ursprünglich
aus Indien, von wo ihn die Engländer
mitgebracht und in unendlich vielen
Variationen weiterentwickelt haben.
Echter Punsch ist Medizin – die wohl-
schmeckendste, die ich kenne.

Schluß noch den frischgepreßten
Orangensaft beigeben. Heiß servieren.

Bei großen Festen, zum Beispiel zu
Neujahr, kann man diesen Punsch natürlich auch in viel größeren Mengen
brauen. Auf jeden Fall aber sollte man
auf die hochwertigen Zutaten achten
– die Gäste werden dankbar sein.
Und der eigene Kopf
anderntags auch.

Z·U·T·A·T·E·N

(für 4-8 Personen)

1 LITER SCHWARZER TEE
3/4 LITER
TROCKENER ROTWEIN
1/2 LITER FRISCHGE-
PRESSTER ORANGENSAFT
1/8 LITER COGNAC
1/8 LITER BRAUNER RUM
GERIEBENE SCHALE
EINER BIOZITRONE
3 ZIMTSTANGEN
12 GEWÜRZNELKEN
5 STERNE STERNANIS
5 ESSLÖFFEL KANDISZUCKER

ZUBEREITUNG

Zunächst wird der Tee
vorbereitet. Inzwischen
in einem großen
Topf den Kandis-
zucker in der
Mischung aus Cog-
nac und Rum zergehen lassen. Den
Tee hinzufügen, ebenso die Gewürze:
Zimt, Nelken, Sternanis, Zitronenschale. Nun den Rotwein hinzufügen,
alles kurz aufkochen und dann eine
halbe Stunde ziehen lassen. Zum

193

Penne all'arrabbiata

Draußen ist es kalt, grau und feucht. Wenn man aus dem Fenster sieht, meint man, ein ganz schlecht entwickeltes Schwarzweiß-Foto zu sehen, auf dem alle Konturen verschwimmen. In den Innenräumen wird zwar schon lange geheizt … und doch ist heute einer dieser Tage, an denen die Füße nie richtig warm werden wollen; einer jener Tage, an denen einem kleine Schauer den Rücken hinauf- und hinablaufen.

Mittlerweile haben wir ein Rezept gefunden, das auch an solchen Wintertagen wieder Wärme und Fröhlichkeit in Körper und Gemüt bringt. Meistens sehen wir einander um die Mittagszeit nur an, und wenn dann einer fragt: „Was Rotes, Scharfes?", dann ist ganz klar, was wir schon eine halbe Stunde später auf unseren Tellern haben werden.

Z·U·T·A·T·E·N
(für 2 Personen)

350 G. PENNE
6 TOMATEN
(oder 1 große Dose Pomodori pelati - geschälte Tomaten)
4 KNOBLAUCHZEHEN
3-4 ESSLÖFFEL OLIVENÖL
SALZ
1 PEPERONCINO
(scharfe Chilischote)
1 ESSLÖFFEL PETERSIL
(PETERSILIE)

ZUBEREITUNG

Den Knoblauch schälen und in kleine Stücke schneiden. Das Olivenöl in einer Pfanne erwärmen, den Knoblauch und den in einem Mörser zerstoßenen Peperoncino anrösten, bis der Knoblauch eine goldene Farbe annimmt. Die Tomaten zum Schälen für eine halbe Minute in kochendes Wasser legen, kalt abschrecken und die Haut abziehen. Nun die geschälten und geviertelten Tomaten bzw. die Dose geschälte Tomaten zum Öl hinzufügen und bei kleiner Hitze etwa 20 Minuten köcheln lassen. Kurz vor dem Servieren noch 2 Eßlöffel des Wassers hinzufügen, in dem die Penne kochen – die darin enthaltene Stärke bindet den Sugo und macht ihn sämig! Danach den Petersil hinzufügen und noch einmal gut umrühren.

In der Zwischenzeit die Penne in ausreichend Salzwasser al dente kochen, abseihen, mit ein wenig Olivenöl fetten, damit sie nicht zusammenkleben. Mit dem Sugo

194

servieren und mit etwas frisch
geriebenem Pecorino oder
Parmesan bestreuen.

Daß diese Speise wirk-
lich von innen erwärmt,
verrät schon ihr Name:
„Arrabbiata" kommt aus dem
italienischen „arrabbiato", was
soviel bedeutet wie wütend,
wild, toll. Für wallendes Blut
ist also gesorgt.

Es gibt natürlich auch noch
andere Rezepte für die „Arrabbiata".
Manche – auch Italiener – fügen
zum Beispiel eine Zwiebel hinzu,
andere wieder lassen den Petersil
weg.

Unser Rezept jedenfalls ist das klassische, gutgeheißen auch von dem
1264 Seiten star-
ken italienischen
Kochbuch-
Standardwerk mit
dem schönen Titel
„Il Talismano della
felicità" („Der
Talisman der
Glückseligkeit").

195

Spaghetti

In manchen Fällen kann aber
auch der „Talismano" nicht
helfen.
Zum Beispiel, wenn es darum
geht, zu klären, ob nachfolgendes
Rezept aus Rom, Neapel oder eigentlich doch aus einer ganz anderen
Gegend stammt.

Ich habe es in Oberösterreich kennengelernt, in einem Lokal, in dem ein
Venezianer kocht. Zugegeben, das sagt
gar nichts aus, auch wenn der Venezianer meinte, das Rezept wäre aus
Neapel. Als ich später nachlas, was
Alice Vollenweider in ihrem sehr
empfehlenswerten Buch „Italiens Provinzen und ihre Küche" schreibt, ent-
deckte ich ebendort die Meinung, daß
es sich um eine Spezialität der Insel
Ischia handele. Als ich meinen Cousin,
der in Rom lebt, mit diesen Aussagen
konfrontierte, geriet er in „arrabbia-
mento" und behauptete steif und fest,
es sei ein klassisch römisches Rezept.
Wie auch immer: Es stellt nur eine
kleine Variation zu den Penne all´
arrabbiata dar. Und doch ist es ein
ganz anderes Gericht.

196

ZUBEREITUNG

Die gleiche wie bei den „Penne all´
arrabbiata", nur daß mit dem Knoblauch und dem Peperoncino auch
noch die Oliven, die Kapern und die
Sardellenfilets mitgeröstet werden.

alla puttanesca

Auch Menschen, die Vorbehalte gegen den eigenwilligen Geschmack von Sardellen haben, mögen in der Regel dieses einfache Rezept.

Denn die Sardellen verkochen in der Sauce und steuern ein unaufdringliches und wunderbar südländisches Hintergrundaroma bei.

Dies ist ein in jeder Hinsicht pikantes Rezept – bedeutet dessen Name doch, wörtlich übersetzt, „Spaghetti nach Hurenart". Etwas „alla puttanesca" zu machen, heißt in der römischen Umgangssprache außerdem, etwas sehr schnell zu erledigen. Es darf freilich bezweifelt werden, daß die „Spaghetti alla puttanesca" tatsächlich das Grundnahrungsmittel der Straßenmädchen bildeten – sei's nun in Rom, in Ischia oder in Neapel. Ebensowenig dürften sich die „Carbonari", die Anhänger Garibaldis bei der Einigung Italiens, ausschließlich von den nach ihnen benannten Spaghetti alla carbonara ernährt haben.

Die Italiener haben zu solchen Geschichten einen sehr schönen Satz parat: „E se non é vero, é ben trovato" – und wenn es auch nicht wahr ist, so ist es doch gut erfunden.

Wahr ist immerhin, daß beide Gerichte ein „Armeleuteessen" im besten Sinne darstellen. Und hier dürfte auch der wahre Kern der Legenden von Straßenmädchen und Freiheitskämpfern liegen.

Keine Legende ist jedenfalls, daß die „Penne all´arrabbiata" und die „Spaghetti alla puttanesca" dabei helfen, ein wenig Wärme in kühle Wintertage zu zaubern.

Die kleine Wunderschote

Die anregende Wirkung dieser Speisen geht von der ursprünglich in Mittel- und Südamerika beheimateten Chilischote aus, die als wahres Wunder der Natur bezeichnet werden kann. Die Familie des Capsicum, so der lateinische Name, ist heute auf der ganzen Welt verbreitet und kommt unter den verschiedensten Namen und Formen vor: als Paprika, spanischer roter Pfeffer, Peperoncino, Schotenpfeffer oder Cayenne-Pfeffer. Wobei die Paprikapflanze, die die Chilischoten hervorbringt, botanisch nichts mit der Pfefferpflanze zu tun hat.

Schon bei den Schamanen Mexicos galt Chili als Heilmittel. Er wurde bei Fieber und Schwächezuständen angewendet. Chili hat die Eigenschaft, gleichzeitig zu entspannen und anzuregen. Er wirkt allgemein harmonisierend, weshalb sich auch die wundersame Eigenschaft ergibt, daß seine Schärfe in der Gluthitze Mexikos kühlt, bei unseren eiskalten Wintern dagegen wärmt. Ein Grund, warum in vielen heißen Ländern sehr scharf gegessen wird, liegt auch in der antibakteriellen Wirkung des Chilis: Krankheitskeime, die sich in der Hitze schnell verbreiten können, werden durch die speziellen Wirkstoffe der kleinen Wunderschote abgetötet.

Auch wissenschaftlich ist die Wirkung von Chili oder Peperoncino längst unbestritten. Er regt die Speichelbildung stark an und wirkt deshalb verdauungsfördernd. Der Stoffwechsel wird durch das Schärfen von Speisen um bis zu 25 % beschleunigt, berichtet Jean Carper, die sich auf eine wissenschaftliche Studie beruft, in ihrem Buch „Nahrung ist die beste Medizin". Jeder kann das am eigenen Leib nachvollziehen – scharfes Essen liegt selten im Magen. A propos Magen: Daß scharfes Essen dem Magen schadet, ist ein Vorurteil, das sich leider in der allgemeinen Meinung ziemlich festgesetzt hat. Das Gegenteil ist wahr: Chili, aber auch Pfeffer, regen die Magenschleimhäute an und fördern die Verdauung. Vorsicht ist allerdings bei akuten Magenkrankheiten geboten: Bei Entzündungen oder Gastritis ist ohnehin Schonkost angesagt. Dem gesunden Organismus freilich kann die Schärfe, sofern man sie mag, nur wohl bekommen.

Cayennepfeffer, Peperoncino, Paprikaschoten & Co. enthalten außerdem den

Wirkstoff Capsaicin. „Er verstärkt die Herzleistung, verhindert die Bildung von Blutplättchen, deren Verklumpung und beugt so einer Thrombose vor. Das bedeutet: Schutz vor Infarkten", so Prof. Hademar Bankhofer. Untersuchungen eines medizinischen Universitätsinstituts in Kalifornien, zitiert von Jean Carper, haben außerdem ergeben, daß Chilipfeffer eine besonders wohltuende Wirkung auf die Atemwege hat: Er reinigt durch seine schleimlösende Wirkung die Lunge gleichsam von innen.

Cholerischen Personen und allzu feurigen Gemütern sollten den Chilikonsum allerdings nicht übertreiben. Denn ein „Scharfmacher" ist er in jeder Hinsicht – auch seine anfeuernde Wirkung in allen Liebesangelegenheiten ist bekannt.

Einfach und schön:

CHILIÖL

Außer Salz und Pfeffer haben wir auch ein kleines Ölkännchen mit Chiliöl stets auf dem Tisch stehen. Das sieht erstens sehr nett aus, und zweitens können sich „ganz scharfe" Gäste die Speisen mit diesem Öl nachwürzen. Das Chiliöl paßt – im Gegensatz zu Pfeffer mit seinem vordergründigen Geschmack – zu sehr vielen Speisen.

ZUBEREITUNG

Das Öl und die Schoten in einem speziellen Ölkännchen (gibt es im Fachhandel) oder in einem kleinen Fläschchen mischen und ziehen lassen.
Die richtige Schärfe kommt übrigens erst nach etwa einer Woche – ab dann muß man aufpassen, nicht zuviel von dem Öl zu erwischen. Neigt sich das Öl dem Ende zu, dann kann man es noch einige Male auffüllen. Erst nach dem vierten oder fünften „Aufguß" sollten auch die Schoten wieder ausgetauscht werden.

Eines der Gerichte, die sich zum „Nachwürzen" mit dem Ölkännchen anbieten, ist folgendes:

Z·U·T·A·T·E·N

16 PEPERONCINO-
SCHOTEN UND
1/8 LITER OLIVENÖL

199

Spaghettini

MIT PIGNOLI, ROSINEN UND PEPERONCINO

Dieses ungewöhnliche Rezept hat uns Maria verraten. Es stammt aus der sizilianischen Hauptstadt Palermo. Palermo liegt viel näher bei Tunis als bei Rom. Die große Nähe zum afrikanischen Kontinent hat sich auch auf die sizilianische Küche ausgewirkt, die einige arabische Elemente in sich aufgenommen hat. Die Spaghettini mit Pignoli, Rosinen und Peperoncino kombinieren italienische Einflüsse mit der arabischen Tradition, Speisen zuzubereiten, die gleichzeitig salzig, süß und scharf sind.

Z·U·T·A·T·E·N
(für 2 Personen)

350 G. SPAGHETTINI
5 ESSLÖFFEL PIGNOLI
(PINIENKERNE)
5 ESSLÖFFEL ROSINEN
(von der kleinen, dunklen Sorte)
1 PEPERONCINO
(SCHARFE CHILISCHOTE)
5 ESSLÖFFEL OLIVENÖL
1 ESSLÖFFEL
ZITRONENSAFT

ZUBEREITUNG

Die Spaghettini in ausreichend Salzwasser al dente kochen; gleichzeitig das Olivenöl in einer Pfanne mit dem Peperoncino erhitzen; danach die Pinienkerne und die Rosinen hinzufügen und leicht anrösten, bis die Pinienkerne golden sind. Das Ganze mit dem frisch gepreßten Zitronensaft ablöschen, vom Herd nehmen und ziehen lassen, bis die Spaghettini fertig sind; diese abseihen, den Peperoncino entfernen, die Spaghettini gut mit den restlichen Zutaten in der Pfanne vermischen und heiß servieren. Je nach Geschmack kann man das Gericht noch nachsalzen oder mit dem Chiliöl nachschärfen.

Auch dieses Rezept polarisiert hin und wieder. Nach meinen Erfahrungen lehnen es Männer manchmal ab, während Frauen regelrecht süchtig darauf werden. Vielleicht handelt es sich bei dieser Beobachtung aber auch um einen statistischen Irrtum. Am besten, man vertraut bei dieser ungewöhnlichen Kombination dem Geschmack der Sizilianer – und probiert die Spaghettini einfach selbst aus.
Wichtig ist auf jeden Fall, den Peperoncino vor dem Servieren zu entfernen. Wir haben einmal darauf vergessen, aber nur ein einziges Mal. Denn die scharfe Überraschung, die sich beim Kauen der so leicht mit den Rosinen zu verwechselnden gerö-

steten Schote einstellt, brennt sich regelrecht ins Gedächtnis ein ...

Die Pinienkerne, die man für dieses Gericht braucht, sind nicht immer leicht zu bekommen. Wenn man eine Quelle gefunden hat, deckt man sich am besten mit einem kleinen Vorrat ein. Diese Kerne, die aus den Zapfen eines wunderschönen Nadelbaums gewonnen werden, der in Italien pino marittimo genannt wird, sind auch nicht ganz billig. Das liegt vor allem daran, daß sie sehr aufwendig hän-

disch geerntet werden müssen. Das Sammeln von Pinienzapfen und das Aufschlagen der harten Schale, unter der sich die Pignoli verbergen, ist allerdings ein beliebter Sport von Kindern – eine Tatsache, die sich kinderreiche Familien beim nächsten Urlaub im Süden zunutze machen könnten ...

Eine Speise, die eigentlich in der glühenden Hitze Mexicos ihre Heimat hat, die wir aber wegen ihrer in jeder Hinsicht erwärmenden Wirkung gerne im Winter essen, ist Chili con carne – das klassische mexi-

canische Bohnengulasch. Der Name dieser Speise ist durchaus ironisch zu verstehen – „Chili mit Fleisch" heißt, daß der Hauptbestandteil dieses Mahls die Schärfe ist.

Es gibt so viele Arten von Chili con carne, daß es schwer ist, eine davon zur „richtigen" zu erklären. Manche bevorzugen es mit faschiertem Fleisch, manche, so wie wir, mit kleinen Fleischwürfeln.

Chili con carne

DAS FEUER VON INNEN

maten, Paprikapulver und Tomatenmark hinzufügen, salzen.
Mit Wasser aufgießen, so daß alle Zutaten gerade bedeckt sind.
Bei halb geschlossenem Deckel insgesamt 2 Stunden köcheln lassen.
Die weichgekochten Bohnen abseihen und dem Eintopf beigeben, wo sie noch eine halbe Stunde mitköcheln sollten.

Es macht sich gut, das Chili con carne in tönernen Schüsseln zu servieren. Als Beilage eignet sich am besten frisches Brot. Stilechtes Getränk: Mexicanisches Bier.

Dieses Rezept ist sehr einfach und, wie viele einfache Dinge, sehr beliebt. Es ist leicht möglich, es auch in größeren Mengen für viele Gäste zu kochen – auch aufgewärmt schmeckt es noch tagelang gut. Kenner behaupten sogar, daß Chili con carne so wie Gulasch bei jedem Aufwärmen noch um eine Spur besser wird.

Z·U·T·A·T·E·N
(für 4-6 Personen)

1 KG. RINDFLEISCH
ZUM DÜNSTEN
(zum Beispiel Rindschnitzel)
3 MITTELGROSSE ZWIEBELN
1/2 KG. ROTE BOHNEN
1 TEELÖFFEL BOHNENKRAUT
1 ESSLÖFFEL
PAPRIKAPULVER MILD
6 TOMATEN
4 ESSLÖFFEL
TOMATENMARK
1/4 LITER ROTWEIN
3 TEELÖFFEL SALZ
4 ESSLÖFFEL OLIVENÖL
2-4 SCHARFE CHILISCHOTEN

ZUBEREITUNG

Die über Nacht in Wasser eingeweichten Bohnen (Wasser abgießen!) mit frischem Wasser, Bohnenkraut, Lorbeerblatt und Maggikraut (ohne Salz!) weichkochen (etwa 1 Stunde). Das in kleine Würfel geschnittene Fleisch gemeinsam mit den im Mörser zerstoßenen Chilischoten in dem Olivenöl sehr scharf anrösten, die geschnittenen Zwiebeln nach etwa zehn Minuten hinzufügen und kurz mitrösten lassen. Mit Rotwein ablöschen, geschälte, geviertelte To-

ACHTUNG:
Je nach Sorte
kann eine ein-
zige Chili-
schote schon
eine gewalti-
ge Schärfe
entwickeln
– ganz egal,
ob man eine
frische oder
eine getrock-
nete Schote
verwendet.
Chilipulver ist
weniger zu
empfehlen, weil
es sehr schnell den
Geschmack und die
Schärfe verliert. Die
Schärfe kommt übrigens
aus den gelblichen, harm-
los aussehenden Kernen. Es
ist ratsam, anfangs vorsichtig
zu dosieren – die Schärfe entfaltet
sich erst durch das Köcheln so richtig!

203

Bohnen & Linsen

BACK TO THE ROOTS

Ein wichtiger Bestandteil des Chili con carne sind die Bohnen.
Für das Chili verwendet man üblicherweise die rote Kidney-Bohne. Bohnen stellen ein klassisches Winteressen dar, weil sie getrocknet lange haltbar sind. Schon von alters her dienten sie als Grundnahrungsmittel, wie die zahlreichen Hinweise auf Gerichte mit Hülsenfrüchten in der Bibel belegen.

Bohnen, das sollten alle fanatischen Rohkostfans berücksichtigen, sind in rohem Zustand giftig. Sie enthalten Phasin, ein Gift, das der bulgarische Geheimdienst einst bei den berüchtigten „Regenschirm-Morden" anwandte. Deshalb müssen Bohnen über Nacht einweichen (das

Einweichwasser weggießen) und extra gekocht werden. In das Einweich- und Kochwasser sollte übrigens kein Salz kommen, weil die Bohnen sonst viel langsamer weich werden.

Bohnen gelten heute, so wie Linsen oder andere Hülsenfrüchte, als „Armeleuteessen". Das sollte jedoch kein Grund sein, sie nicht hoch zu schätzen. Die Bohne ist eine der ältesten Kulturpflanzen, die schon vor vielen tausend Jahren rund um den Erdball geschätzt wurde. Bohnen enthalten Magnesium, Eisen und Kupfer. Sie sind eiweiß- und kohlehydratreich, dabei aber bekömmlich, weil sie fast kein Fett enthalten.

Zu den populärsten Sorten gehören die weißen Perlbohnen, die im berühmten französischen Cassoulet,

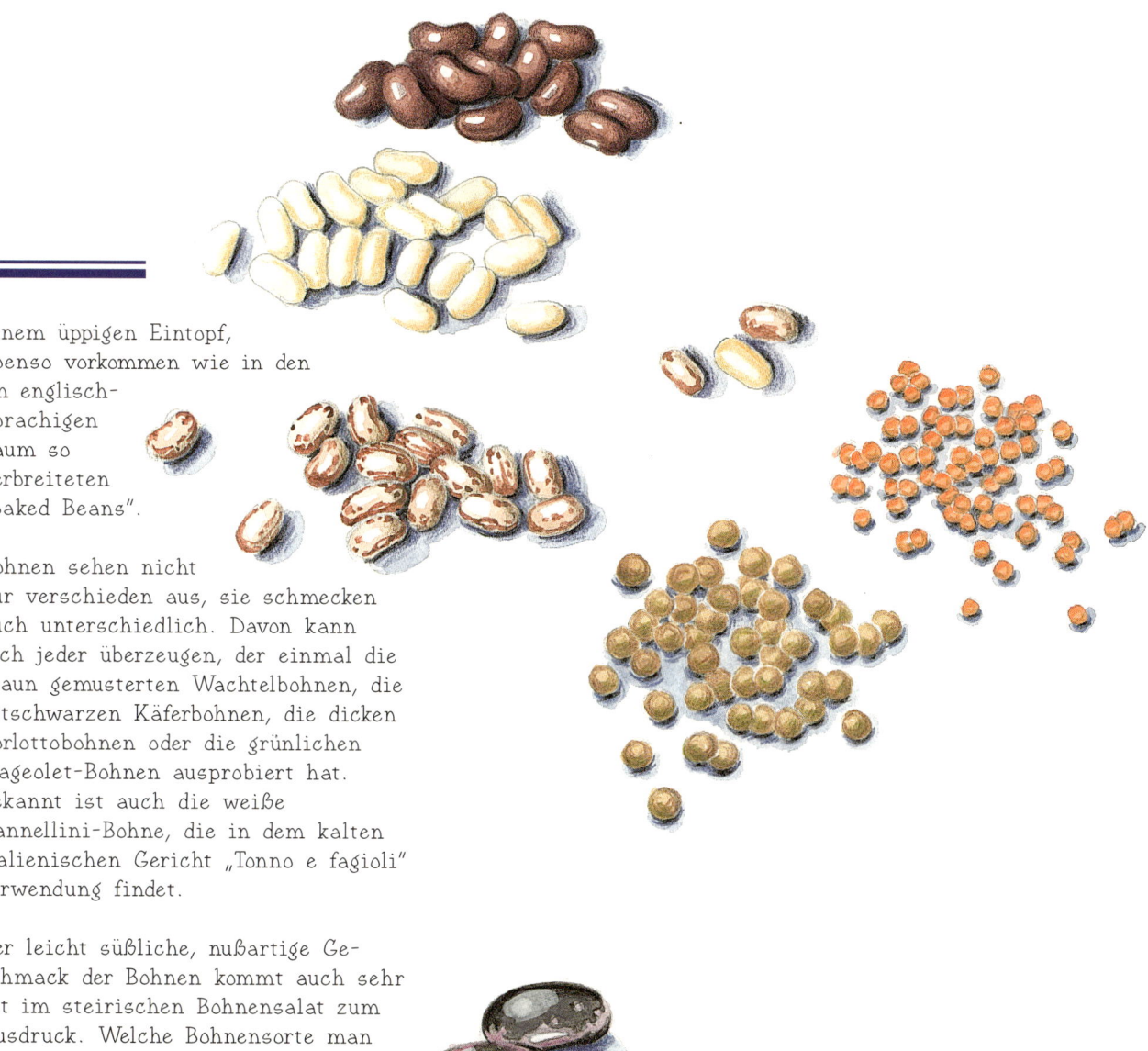

einem üppigen Eintopf,
ebenso vorkommen wie in den
im englisch-
sprachigen
Raum so
verbreiteten
„Baked Beans".

Bohnen sehen nicht
nur verschieden aus, sie schmecken
auch unterschiedlich. Davon kann
sich jeder überzeugen, der einmal die
braun gemusterten Wachtelbohnen, die
rotschwarzen Käferbohnen, die dicken
Borlottobohnen oder die grünlichen
Flageolet-Bohnen ausprobiert hat.
Bekannt ist auch die weiße
Cannellini-Bohne, die in dem kalten
italienischen Gericht „Tonno e fagioli"
Verwendung findet.

Der leicht süßliche, nußartige Geschmack der Bohnen kommt auch sehr
gut im steirischen Bohnensalat zum
Ausdruck. Welche Bohnensorte man
dafür wählt, bleibt letztendlich dem
Geschmack und der Experimentier-
freude überlassen.

Steirischer Bohnensalat

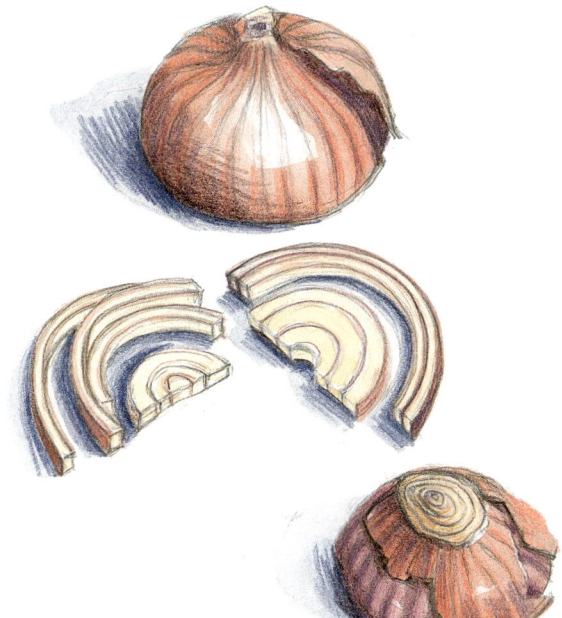

Z·U·T·A·T·E·N

(für 2 Personen)

150 G. BOHNEN
5 ESSLÖFFEL
KÜRBISKERNÖL
2 ESSLÖFFEL
APFELESSIG
EINE GROSSE ROTE
ZWIEBEL
1 TEELÖFFEL
BOHNENKRAUT
1/2 TEELÖFFEL SALZ

ZUBEREITUNG

Die Bohnen 12 Stunden lang einweichen. Einweichwasser abgießen und in neuem Wasser mit Lorbeerblatt und Liebstöckel weichkochen. Abseihen.
Der Bohnensalat wird noch warm mit Kernöl, Apfelessig, einer Prise Bohnenkraut, Salz und feingehackter Zwiebel mariniert. Umrühren und noch eine Stunde auskühlen und ziehen lassen.

Wir essen den Bohnensalat ganz einfach mit einem Butterbrot oder als Beilage zu diversen kalten Platten (meist ist er die Zierde jedes kalten Buffets). Im Kühlschrank verwahrt, bleibt er tagelang schmackhaft und frisch.

Den Bohnen wird in zahlreichen Schmähreimen eine gewisse blähende Wirkung nachgesagt. Doch auch dagegen ist ein Kraut gewachsen, nämlich das Bohnenkraut (auch Pfefferkraut genannt). Eine Prise der scharfen, mit dem Thymian verwandten Pflanze, die aus den gebirgigen Gegenden des Mittelmeerraums stammt, sollte deshalb in keinem Bohnengericht fehlen. Die stark antiseptischen, blähungswidrigen Eigenschaften des Bohnenkrauts wurden bereits in der Antike geschätzt. Der französische Aromatherapeut Dr. Jean Valnet bezeichnet das Bohnenkraut nicht nur als verdauungsfördernd, krampflösend und wundheilend, er verschreibt es auch bei Magenproblemen und geistigen und sexuellen Schwächezuständen.

Linsen in Tomatensauce

Wegen dieser herausragenden Eigenschaften sollte sich der Gebrauch des Bohnenkrauts nicht auf Bohnengerichte beschränken. Das Gewürz hat außer einer gewissen Schärfe keinen besonders charakteristischen Eigengeschmack und kann deshalb bedenkenlos in Wildsaucen, Suppen oder Sugi eingesetzt werden. Als Regel gilt: Wo Thymian paßt, da ist auch eine Prise Bohnenkraut nicht fehl am Platz.

Ganz ähnlich wie diesen Bohnensalat kann man übrigens einen Linsensalat zubereiten. Zutaten und Zubereitung sind die gleichen. Nur müssen die Linsen nicht über Nacht eingeweicht werden. Es reicht, sie etwa eine halbe Stunde lang, ebenfalls ohne Salz, weichzukochen.

Auch die Linse ist eine der ältesten Kulturpflanzen der Menschheit. Bereits im Alten Testament wird sie mehrfach erwähnt. Ähnlich wie bei den Bohnen gibt es auch bei den Linsen eine große Artenvielfalt: Braune, grüne und rote Linsen haben unterschiedliche Qualitäten und werden daher auch in der Küche zu verschiedenen Zwecken eingesetzt. Die in unseren Breiten am meisten verwendete Linsenart ist die bräunliche Linse. Besonders fein schmecken diese Linsen in einer Tomatensauce.

ZUBEREITUNG

Die Linsen ohne Salz mit dem Lorbeerblatt weichkochen (etwa 1/2 Stunde). Inzwischen Zwiebel und Knoblauch schälen und klein schneiden. Zwiebel, Knoblauch und Peperoncino in dem Olivenöl sanft anrösten. Die geschälten, geviertelten Tomaten sowie das Bohnenkraut beigeben und bei kleiner Hitze köcheln lassen. Wenn sie weich sind, die Linsen absieben und in der Tomatensauce etwa eine halbe Stunde lang leicht köcheln lassen.

Ein ähnlicher Linseneintopf wird in Umbrien mit den berühmten Norcia-Würsten serviert, die außerhalb Italiens schwer zu bekommen sind. Freilich kann man dieses Linsengericht auch sehr gut als Zuspeise zu Fleischgerichten servieren, etwa zu Schweinskoteletts. Auch gebratener Speck macht sich auf dem roten Linseneintopf sehr gut.

Z·U·T·A·T·E·N
(für 4 Personen)

300 G. TROCKENE LINSEN
1 KG. TOMATEN
1 MITTELGROSSE ZWIEBEL
4 KNOBLAUCHZEHEN
2 TEELÖFFEL SALZ
2 TEELÖFFEL BOHNENKRAUT
4 ESSLÖFFEL OLIVENÖL
1 LORBEERBLATT
1 PEPERONCINO

207

WINTERGEMÜSE

Weinkraut

einmal anders

Einige Arten von Wintergemüse haben gemeinhin keinen sehr guten Ruf – was, wie ich glaube, oft weniger am Gemüse, als an der Zubereitungsart liegt. Legionen von Internatsschülern zum Beispiel stoßen sich schon am durchdringenden Geruch von „Krautfleckerln"; und auch Mutters üppige Kohleintöpfe mit Speck und Mehl sind heute – nicht ganz zu Unrecht – ein wenig in Vergessenheit geraten. Man kann Kraut oder Kohl aber auch auf ganz andere, bekömmliche und weitgehend natürliche Art und Weise zubereiten. Auch Wintergemüse hat Geschmack und Charakter! Kraut zum Beispiel, zu einem feinen Weinkraut verarbeitet, macht aus deftigen Gerichten wie Bratwurst oder Selchfleisch eine echte Delikatesse.

Z·U·T·A·T·E·N
(für 4 Personen)

1 KRAUTKOPF
(WEISSKOHL)
1 GROSSE ZWIEBEL
2 ESSLÖFFEL ZUCKER
1/2 LITER WEISSWEIN
1 LORBEERBLATT
2 TEELÖFFEL KÜMMEL
10 WACHOLDERBEEREN
10 PFEFFERKÖRNER
1 TEELÖFFEL SALZ
2 ESSLÖFFEL ÖL
ODER SCHMALZ

ZUBEREITUNG

Frisches, weißes Kraut halbieren, das äußere Blatt entfernen und den weißen Strunk wegschneiden. Das Kraut feinnudelig schneiden. Die Zwiebel schälen und schneiden, mit Zucker in Fett anrösten, Kraut hinzufügen, alles gut durchrösten, mit Weißwein ablöschen. Lorbeerblatt, Wacholderbeeren, Kümmel (ganz), Pfeffer (frisch gemahlen), Salz hinzufügen und eventuell mit Wasser (oder Suppe) aufgießen, so daß das Kraut bedeckt ist. Auf kleiner Flamme ca. 1-2 Stunden (je nachdem, wie weich man das Kraut haben will) dünsten lassen.

Ein anderes, leicht zu bereitendes Gericht aus Kraut wird vor allem im oberösterreichischen Innviertel sehr geschätzt: das Stöckelkraut. Es paßt sehr gut zu Schweinsbraten und anderen Speisen mit Bratensaft.

Den Krautkopf halbieren, die äußeren Blätter entfernen. Die beiden Hälften in einen Topf geben, mit Salz und Kümmel würzen, mit Wasser bedecken und bei geschlossenem Deckel etwa eine Stunde lang köcheln lassen. Vor dem Servieren das Weiße des Strunks entfernen, die Hälften noch einmal teilen und mit Bratensaft begießen.

Z·U·T·A·T·E·N
(für 4 Personen)

1 KRAUTKOPF
(WEISSKOHL)
1 TEELÖFFEL SALZ
1 TEELÖFFEL KÜMMEL
(GANZ)

Stöckelkraut

209

Das Geheimnis des Wirsings

Ein Verwandter des Krauts, obwohl er nicht so aussieht, ist der Wirsingkohl. Schon der Anblick seiner grünen, gewellten Blätter läßt das Herz höher schlagen. Kohl ist nicht nur widerstandsfähig gegen Frost – er sollte sogar einen Frost am Feld miterleben: Erst dadurch entfaltet er die ganze Bandbreite seiner Wirkstoffe. Kohl ist ein typisches Wintergemüse, und wieder sieht man die Weisheit der Natur daran, daß er ein Hauptlieferant von Vitamin C ist, das wir im Winter als Abwehrstoff gegen Erkältungen dringend benötigen.

Kohl enthält etwa doppelt soviel Vitamin C wie Zitronen. Nun ist bekannt, daß Vitamin C hitzeempfindlich ist und ab einer Temperatur von etwa 80 Grad Celsius seine Wirkung weitgehend verliert. Kohl aber

muß gekocht werden. Doch auch hier hat die Natur in einmaliger Weise vorgesorgt, wie Forschungen zeigten: „Untersuchungen am Linus-Pauling-Institut, USA, dem größten Ernährungsforschungsinstitut der Welt, und an der Lebensmitteluntersuchungsanstalt der Universität Wien haben ergeben, daß im Wirsing durch den Einfluß von Co-Enzymen eine biochemische Verbindung entsteht, welche das Vitamin stabiler macht, so daß auch nach dem Kochen des Wirsings viel Vitamin C enthalten ist. Sogar, wenn der Kohl 30 Minuten gekocht wird!", berichtet Hademar Bankhofer.

Nun, so lange wollen wir ihn gar nicht kochen – es wäre schade um den guten Geschmack! Auch auf die „Mehleinbrenn" können wir getrost verzichten – „Der Wirsing braucht viel Öl, niemals aber Mehl!", wie meine Tante Frieda poetisch zu sagen pflegt.

Lammkoteletts

MIT PFLAUMEN-SAFRAN-REIS UND WIRSINGKOHL

ZUBEREITUNG

Reis

In einem Topf die Butterflocke schmelzen lassen, den Reis gut darin schwenken. Die doppelte Menge Wasser beigeben (also für 1 Tasse Reis 2 Tassen Wasser) und einmal aufkochen lassen.
Den Suppenwürfel, den Safran sowie die halbierten Dörrpflaumen beigeben und bei halb geschlossenem Deckel ohne umzurühren sanft köcheln lassen, bis das Wasser verdampft ist.

Wirsing

Die äußeren Kohlblätter entfernen (hier sammeln sich Schadstoffe!), die restlichen Kohlblätter auseinanderpflücken und waschen. 3 Liter Salzwasser zum Kochen bringen, den Kohl etwa 10 Minuten darin köcheln lassen. Danach abseihen und sofort mit eiskaltem Wasser abschrecken (dadurch behält der Kohl seine schöne, grüne Farbe!).
In einer Pfanne Olivenöl (5 Eßlöffel oder mehr, der Kohl saugt es auf!), zwei geschälte und gehackte Knoblauchzehen sowie den im Mörser zerstoßenen Peperoncino kurz anrösten. Den ausgedrückten Kohl hinzufügen, gut durchmischen und etwa 15 Minuten bei sehr kleiner Temperatur und geschlossenem Deckel dünsten lassen.

Lammkoteletts

In einer anderen Pfanne 2-3 Eßlöffel Olivenöl heiß werden lassen. Die Lammkoteletts auf beiden Seiten salzen und in dem heißen Öl auf beiden Seiten scharf anbraten, bis sie braun sind. Mit dem Rosmarin und den zwei geschälten und gehackten Knoblauchzehen würzen. Danach die Pfanne vom Herd nehmen und die Koteletts bei geschlossenem Deckel noch etwa 5 Minuten rasten lassen (dadurch „entspannt" sich das Fleisch, das übrigens rosa sein darf, und wird besonders weich. Außerdem bildet sich durch das Rasten ein feiner Saft).

Koteletts, Reis und Wirsingkohl auf vorgewärmten Tellern gleichzeitig servieren.

Z·U·T·A·T·E·N
(für 2 Personen)

100 G. PARBOILED REIS
1 BUTTERFLOCKE
7 DÖRRPFLAUMEN
EINIGE SAFRANFÄDEN
1 SUPPENWÜRFEL
1 KOPF WIRSINGKOHL
1/8 LITER OLIVENÖL
1 PEPERONCINO
(CHILISCHOTE)
4 KNOBLAUCHZEHEN
2 TEELÖFFEL SALZ
2-4 TEELÖFFEL ROSMARIN
(getrocknet oder frisch)
4-8 LAMMKOTELETTS
(man rechnet etwa 25 dag pro Person)

Safran

Der Safran macht nicht nur den Kuchen, sondern auch den Reis gelb – und das, obwohl es sich dabei um die roten Blütenfäden einer violetten Blume handelt.
Der Crocus Sativus wird seit über tausend Jahren im spanischen Kastilien angebaut.

Traditionell beginnt die Ernte am 15. Oktober, dem Tag der heiligen Therese. Safran wird heute immer noch wie vor hunderten Jahren händisch geerntet, was auch seinen hohen Preis erklärt: Für ein Kilo Safran benötigt man etwa 160.000 Blüten des Krokus.
Zum Glück braucht man nur einige Fädchen, um die schöne, gelbe Farbe und das feine Aroma zu erhalten ...

Die frisch gebratenen Lammkoteletts empfehlen sich für ein Essen mit wenigen Personen. Wenn viele Personen ins Haus stehen, dann ist es einfacher, Gerichte zuzubereiten, die quasi ganz „selbständig" entstehen.
Das folgende Rezept hat uns Sylvia verraten. Es eignet sich sehr gut zum gemeinsamen Kochen mit Freunden – bei den Vorbereitungen können alle plaudernd um den Tisch sitzen und mithelfen. Und in der Zeit, in der das Gericht fertig gart, kann man getrost einen kleinen Winterspaziergang unternehmen, eine Runde Karten spielen oder sich am Kaminfeuer Geschichten erzählen.

Kaninchen in Rotwein

Z U B E R E I T U N G

Zwiebel und Knoblauch schälen und schneiden; Sellerie und Karotten schälen und in Würfel schneiden. Das Olivenöl in einer Pfanne erhitzen, die Kaninchenstücke auf beiden Seiten scharf anbraten, salzen, pfeffern und im vorgewärmten Backrohr in einem Schmortopf aus Gußeisen oder Keramik warm stellen. In derselben Pfanne den in kleine Würfel geschnittenen Speck anbraten, danach Zwiebel, Knoblauch und das Wurzelwerk beigeben. Mit 3/4 Liter Rotwein ablöschen. Lorbeerblätter hinzufügen, noch einmal salzen, pfeffern und die Kaninchenstücke mit dieser Sauce übergießen. Bei etwa 180 Grad im Backrohr 1 Stunde schmoren lassen. Nach dieser Stunde werden noch die geschälten und geviertelten Äpfel und Birnen sowie die gerösteten und geschälten Maroni in die Pfanne gelegt. Nun noch etwa eine halbe Stunde lang bei geöffnetem Deckel garen lassen.

Dieses Gericht wird am besten in der Bratform auf den Tisch gestellt. Es sieht nicht nur gut aus, es bleibt solcherart auch länger warm. Die Gemüse und Früchte bilden gemeinsam ein Aroma, das wunderbar zu dem zarten, weißen Kaninchenfleisch paßt.
Als Beilage eignen sich Reis oder ganz einfach frisches Weißbrot.

Z·U·T·A·T·E·N
(für 4-6 Personen)

1 KANINCHEN
(etwa 1,5 bis 2 Kilogramm, vom Fleischhauer in portionsgerechte Stücke zerteilt)
1 GROSSE SELLERIEKNOLLE
4 KAROTTEN
1 ZWIEBEL
6 KNOBLAUCHZEHEN
2 ÄPFEL
2 BIRNEN
16 MARONI (ESSKASTANIEN)
200 G. SPECK
3/4 LITER ROTWEIN
SALZ, PFEFFER
2 LORBEERBLÄTTER
5 ESSLÖFFEL OLIVENÖL

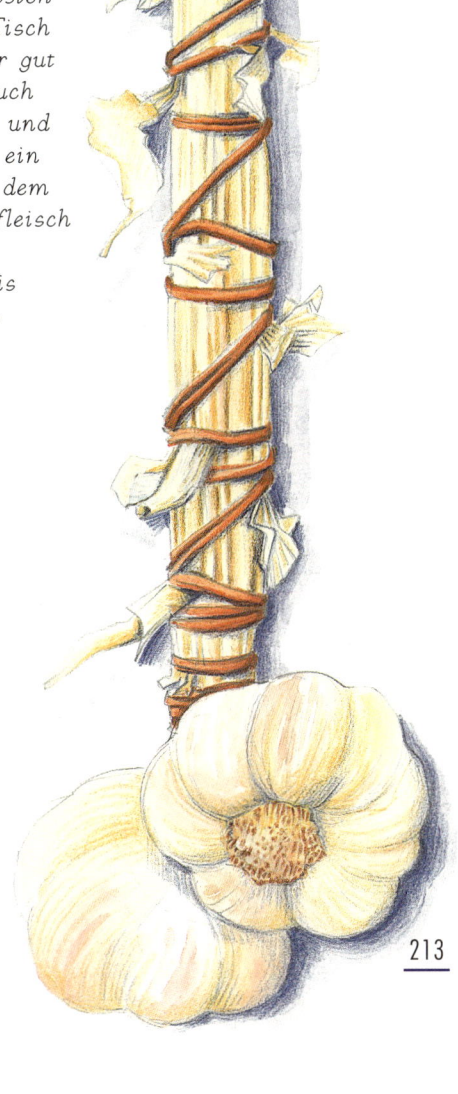

213

Die heilige Knolle

Die Sellerie, die in Deutschland männlich ist und auf der ersten Silbe betont wird, dominiert unter den Gemüsen dieses Kaninchengerichts.

Die Beliebtheit von Sellerie in Deutschland und Österreich läßt sich sicher auch dadurch erklären, daß diese Knolle sehr gut lagerfähig ist und als Wintergemüse lange haltbar bleibt. Deshalb fehlt die kräftige Wurzel auch in kaum einer Suppe; man kann Salate, Püree und Cremesuppen aus ihr machen. In Wien werden Selleriescheiben auch gerne gebacken verspeist. (Es gibt überhaupt kaum Lebensmittel, die die Wiener nicht auch panieren würden – eine Manie, die sich sogar in der Umgangssprache festgesetzt hat: Kleidung wird im Wiener Dialekt als „Panier" bezeichnet …)

Sehr gut schmeckt auch junger Stangensellerie. Man kann die oberirdisch wachsenden Selleriestangen und -blätter roh in Salate schneiden, als Gemüse dünsten oder kurz blanchieren und dann im Rohr mit Käse gratinieren.

Erzeugt die Knolle ...

LIEBESTOLLE ?

Mit der Sellerie, dieser weißlichbraunen Knolle mit ihren langen, bartähnlichen Wurzeln, werden viele Geschichten und Legenden verbunden.

Eigenartigerweise gilt sie als starkes Aphrodisiakum und wird mit allerlei Liebeszauber in Verbindung gebracht.

Warum das so ist, läßt sich in diesem Fall allerdings nicht ganz leicht nachvollziehen: Denn diese in Wahrheit unscheinbare, wenn nicht gar unansehnliche Knolle weist weder eine stimulierende Funktion wie der Chili, noch eine eindeutig zweideutige Form wie der Spargel, noch Analogien anderer Art wie die Auster auf. Auch der Reichtum an Vitaminen, Mineralstoffen und Spurenelementen sowie die harntreibenden, entgiftenden Eigenschaften der Sellerie erklären ihren Ruf als Erotik-Happen nicht hinlänglich. Vielleicht hat Benno Weber in seinem Buch „Energie und Ernährung

im Rhythmus der Jahreszeiten" einen wichtigen Hinweis gegeben, wenn er Sellerie als „Nerventonikum" beschreibt: „Bereits Hippokrates riet seinen Patienten, bei ‚zerrütteten Nerven' viel Sellerie zu essen, da dieser Nervenschwäche und Depressionen vertreibt." Und mit Depressionen und schwachen Nerven sollte man sich auf Liebesabenteuer ohnehin nicht einlassen.

Verinnerlichte

LEBENSKRAFT

Wie auch immer: Schon in der Antike galt die Sellerie als heilige Pflanze. Sie sollte ewiges Leben bringen, und deshalb wurden ihre Blätter sowohl zur Ehrung von siegreichen Helden als auch zum Schmücken von Gräbern verwendet.

Vielleicht ist es das geheimnisvolle und unaufhaltsame unterirdische Wachsen dieser Knolle, die sie zu einem Sinnbild von verinnerlichter Lebenskraft gemacht hat.

Apfelkuchen AUS DINKELMEHL

Zu dem feinen, aber einfachen Kaninchen in Rotwein paßt eine ebenfalls feine und einfache Nachspeise. Es ist dies ein klassischer 3-Ei-schwer-Kuchen – mit dem Trick, daß zwar mit drei Eiern gewogen, aber ein viertes hinzugefügt wird. Das macht den Kuchen besonders flaumig.

ZUBEREITUNG

Drei Eier auf eine Küchenwaage legen und abwiegen. Dasselbe Gewicht Mehl, Butter und Zucker abwiegen. Die Butter langsam zerschmelzen lassen.

Das Mehl mit dem Backpulver sowie den Zucker mit dem Vanillezucker mischen; die halbe äußere Schale einer Bio-Zitrone (ungewachst!) mit einer feinen Reibe hineinraspeln. Die 4 (!) Eier (Eigelb und Eiweiß) mit der nicht zu heißen Butter mit einem Mixer schaumig rühren. Den Zucker (mit Vanillezucker und Zitronenschale) hinzufügen und einrühren. Danach das Mehl sowie eine Prise Salz beigeben und auf kleiner Stufe zu einem glatten Teig rühren.

Die Kuchenform mit Butter einfetten und die Brösel so darin verteilen, daß sie rundherum in der Form haften bleiben. Den Teig gleichmäßig in der Form verteilen.
Nun die Äpfel schälen, entkernen und in etwa 0,5 cm dicke Spalten schneiden. Die Apfelspalten fächerförmig auf den Teig legen, bis dieser ganz bedeckt ist. Den Zimt mit einem Eßlöffel Kristallzucker vermischen und gleichmäßig über die Apfelspalten streuen.

Den Kuchen ins vorgeheizte Backrohr schieben und bei 180 Grad etwa 45 Minuten lang backen.
Der Kuchen ist dann fertig, wenn er sich bei Fingerdruck flaumig anfühlt und nicht mehr verformt.

Vor einem kleinen Mißgeschick sei an dieser Stelle gewarnt: Wenn die Eier sehr klein sind, dann wird natürlich auch der Kuchen klein. Sollten also starke Esser ins Haus stehen, dann muß man die Eierdosis erhöhen – ohne freilich auf das „Extra"- Ei zu vergessen. Die „Ei-schwer"-Regel jedenfalls funktioniert auch mit 4 oder 5 Eiern.

Z·U·T·A·T·E·N

4 EIER

DINKELVOLLKORNMEHL
(möglichst frisch gemahlen)

BUTTER

ZUCKER

1 PÄCKCHEN VANILLEZUCKER

1/2 PÄCKCHEN BACKPULVER

EINE PRISE SALZ

GERIEBENE SCHALE EINER
HALBEN BIOZITRONE

3 ESSLÖFFEL BRÖSEL
(PANIERMEHL)

1/2 TEELÖFFEL
ZIMT

3-4 ÄPFEL

Dinkel

DAS WUNDERKORN

Schon für die heilige Hildegard von Bingen war der Dinkel das Getreide schlechthin: „Der Dinkel (die Spelze) ist die beste Körnerfrucht. Er ist fett, kräftig und milder als alle anderen Arten. Dem, der ihn ißt, bereitet er ein rechtes Fleisch und rechtes Blut und macht die Sinne des Menschen heiter und froh.
Wie er auch immer zu sich genommen wird, er ist bekömmlich in jeder Zubereitung."

Dinkel ist die Urform des Weizens, und im Gegensatz zu den heutigen überzüchteten Getreideformen hat er sich seine „Urkraft" bewahrt. Er wehrt sich zum Beispiel standhaft gegen Hybridzüchtungen und bleibt immer fruchtbar: Geernteter Dinkel kann ausgesät werden, und er wird wieder Früchte tragen. Vielleicht liegt gerade darin der Grund, daß der Dinkel lange Zeit weitgehend in Vergessenheit geriet: Denn die großen Saatgutkonzerne hatten natürlich kein Interesse daran, eine Getreideart zu propagieren, die den jährlichen Nachkauf von Saatgut überflüssig machte. Heute allerdings scheint die Wiederkehr des Dinkels nicht mehr aufzuhalten zu sein. Das liegt vielleicht auch daran, daß er gegen zahlreiche giftige Substanzen, die auf unseren Feldern massenhaft ausgestreut werden, resistent ist. Sicher hat sich aber auch sein nussiger, kerniger Geschmack herumgesprochen. Kuchen aus Dinkelmehl sind unübertrefflich saftig.

Man kann für fast alle Kuchen oder Kekse statt des normalen weißen Mehls Dinkelvollkornmehl oder – falls man eine hellere Farbe wünscht – auch ganz einfaches Dinkelmehl verwenden. „Dinkel enthält so gut wie alle Nährstoffe, die der Mensch braucht, in einem harmonisch ausgewogenen Mengenverhältnis – und dies nicht nur in der Kornhülle, sondern fein verteilt im ganzen Korn. Das bedeutet, daß er seinen überragenden Nährwert selbst bei hohen Ausmahlungsgraden behält", schreiben Johanna Paungger und Thomas Poppe in ihrem Buch „Vom richtigen Zeitpunkt".

Auch „Bio-Skeptiker" lassen sich durch den Geschmack des Dinkelmehls meist recht schnell überzeugen. Ein Freund von mir, fanatischer Feind aller Speisen, die auch nur irgendwie in den Verdacht geraten könnten, gesund zu sein, verspottet gerne die „Vollwert-Fanatiker" und „Dinkelesser". Als wir ihm den Apfel-Dinkelkuchen vorsetzten, aß er ein Stück nach dem anderen. Umgedacht hat er übrigens trotzdem nicht – weil er sich einfach weigerte, uns zu glauben, daß wir tatsächlich Dinkelmehl verwendet hatten ...

„Digestif"

Die Illustratorin Michaela Haager
und ich danken allen,
die uns ihre Rezepte und Küchenweisheiten
zur Verfügung gestellt haben.
Ohne die vielen Erfahrungen
unserer Verwandten und Freunde
hätte dieses Buch nicht entstehen können.

Wir wünschen allen Leserinnen und Lesern,
daß sie beim Kochen, Essen und Trinken
soviel Freude haben wie wir selbst!

VERZEICHNIS DER REZEPTE

VERZEICHNIS DER REZEPTE

STICHWORTE UND PERSONEN

(zu den einzelnen Speisen siehe bitte das Rezeptverzeichnis)

Verzeichnis der

VERWENDETEN LITERATUR

Ackermann, Diane:	*Die schöne Macht der Sinne. Eine Kulturgeschichte, München 1991*
Bankhofer, Hademar:	*Gesundheit aus dem Kochtopf. Leoben, Wien, Bad Wörishofen, Stuttgart 1997*
Biswas, R.K. in:	*„Götterspeisen", Katalog zur Ausstellung des Historischen Museums der Stadt Wien, Wien 1997*
Böhmig, Ulf:	*Naturheilpraxis für zu Hause, Wien 1988*
Boni, Ada:	*Il Talismano della felicità, Rom 1993*
Breindl, Ellen:	*Gesund und schmackhaft kochen mit der Hl. Hildegard von Bingen. Ratschläge und Rezepte der Hildegard-Küche, Augsburg 1989*
Carper, Jean:	*Nahrung ist die beste Medizin. Sensationelle Erkenntnisse über die Heilstoffe in unseren Lebensmitteln, Düsseldorf, Wien, New York 1995*
Fulder, Stephen:	*Kochen und heilen mit Ingwer. Die Kraft der asiatischen Wurzel, Düsseldorf 1995*
Furlenmeier, Martin:	*Wunderwelt der Heilpflanzen, Eltville am Rhein 1978*
Goethe, Johann Wolfgang:	*Faust I, Stuttgart 1971*
Graupe Friedrich/Koller Sepp:	*Delikatessen aus Unkräutern, Wien 1992*
Janosch:	*Oh, wie schön ist Panama, Weinheim und Basel 1979*
Kunze, Michael in:	*profil Nr. 10/März 1998*
Maier-Bruck, Franz:	*Das große Sacher-Kochbuch, Herrsching 1975*
Paungger, Johanna / Poppe, Thomas:	*Vom richtigen Zeitpunkt. Die Anwendung des Mondkalenders im täglichen Leben, München 1991*
Paungger, Johanna / Poppe, Thomas:	*Aus eigener Kraft, München 1993*
Petrini, Carlo in:	*Der Spiegel special, Nr. 11/1997*
Pollmer, Udo u.a.:	*Prost Mahlzeit! Krank durch gesunde Ernährung, Köln 1994*
Rilke, Rainer Maria:	*Herbsttag. In: Der Tausendjährige Rosenstrauch. Deutsche Gedichte, Wien, Hamburg 1973*
Schöpf, Hans:	*Zauberkräuter, Graz 1986*
Valnet, Jean:	*Aromatherapie. Gesundheit und Wohlbefinden durch pflanzliche Essenzen, München 1992*
Vollenweider, Alice:	*Italiens Küche und ihre Provinzen. Eine Reise und 88 Rezepte, Berlin 1990*
Weber, Benno:	*Energie und Ernährung im Rhythmus der Jahreszeiten. Die ganzheitlich integrative Ernährung, München 1994*
Wendelberger, Elfrune:	*Heilpflanzen. BLV Naturführer, Wien, Zürich 1997*